APRENDENDO A VOAR
UMA HISTÓRIA DE SUPERAÇÃO

Editora Appris Ltda.
1.ª Edição - Copyright© 2024 da autora
Direitos de Edição Reservados à Editora Appris Ltda.

Nenhuma parte desta obra poderá ser utilizada indevidamente, sem estar de acordo com a Lei nº
9.610/98. Se incorreções forem encontradas, serão de exclusiva responsabilidade de seus organi-
zadores. Foi realizado o Depósito Legal na Fundação Biblioteca Nacional, de acordo com as Leis nos
10.994, de 14/12/2004, e 12.192, de 14/01/2010.

Catalogação na Fonte
Elaborado por: Josefina A. S. Guedes
Bibliotecária CRB 9/870

M514a 2024	Meine, Andreia Aprendendo a voar: uma história de superação / Andreia Meine; coordenador Belmiro Meine. – 1. ed. – Curitiba: Appris, 2024. 135 p. ; 21 cm. ISBN 978-65-250-5619-7 1. Memória autobiográfica. 2. Persistência. 3. Amor. 4. Vida. I. Título. CDD – 808.06692

Appris
editora

Editora e Livraria Appris Ltda.
Av. Manoel Ribas, 2265 – Mercês
Curitiba/PR – CEP: 80810-002
Tel. (41) 3156 - 4731
www.editoraappris.com.br

Printed in Brazil
Impresso no Brasil

Andreia Meine
Coordenador: Belmiro Meine

APRENDENDO A VOAR

UMA HISTÓRIA DE SUPERAÇÃO

FICHA TÉCNICA

EDITORIAL	Augusto Coelho
	Sara C. de Andrade Coelho
COMITÊ EDITORIAL	Ana El Achkar (UNIVERSO/RJ)
	Andréa Barbosa Gouveia (UFPR)
	Conrado Moreira Mendes (PUC-MG)
	Eliete Correia dos Santos (UEPB)
	Fabiano Santos (UERJ/IESP)
	Francinete Fernandes de Sousa (UEPB)
	Francisco Carlos Duarte (PUCPR)
	Francisco de Assis (Fiam-Faam, SP, Brasil)
	Jacques de Lima Ferreira (UP)
	Juliana Reichert Assunção Tonelli (UEL)
	Maria Aparecida Barbosa (USP)
	Maria Helena Zamora (PUC-Rio)
	Maria Margarida de Andrade (Umack)
	Marilda Aparecida Behrens (PUCPR)
	Marli Caetano
	Roque Ismael da Costa Güllich (UFFS)
	Toni Reis (UFPR)
	Valdomiro de Oliveira (UFPR)
	Valério Brusamolin (IFPR)
SUPERVISOR DA PRODUÇÃO	Renata Cristina Lopes Miccelli
PRODUÇÃO EDITORIAL	Sabrina Costa
REVISÃO	Simone Ceré
DIAGRAMAÇÃO	Andrezza Libel
CAPA	Bianca Semeguini
ARTE DE CAPA	Andréa Cristina Baum Schneck
REVISÃO DE PROVA	Jibril Keddeh

APRESENTAÇÃO

Andreia sofreu um grave AVC de tronco há 14 anos, no dia 27 de julho de 2009. Em nossa conversa hoje, dia 28 de julho de 2023, quando se preparava para mais um dos muitos procedimentos para a remoção de cálculos renais no hospital, uma das sequelas do AVC que sofreu e com o qual convive até hoje, ela me lembrou daquele dia.

E eu me lembrei de que, diante da imagem da ressonância magnética, naquele momento, o médico chamou o marido dela e a mim e nos informou de forma muito objetiva: "O prognóstico não é nada favorável, a tendência é de morte ou de sequelas muito severas".

O meu mundo desabou. Prognóstico de morte? Sequelas muito severas? Invalidez permanente? Não haveria o que fazer para salvar a sua vida?

Como assim? Nada poderia ser feito? Não haveria como resolver isso com uma cirurgia, com o uso de um bisturi?

O médico continuou: "Estudei o caso da Andreia com profundidade e concluí que a única possibilidade de se tentar alguma coisa para salvá-la é diluir o seu sangue, a ponto de diluir também o coágulo que está alojado na ponte, impedindo a passagem de sangue para áreas vitais do cérebro. E nada mais."

Mas com garantia de sucesso?

Não. Nada poderia garantir o sucesso do procedimento. Seria uma tentativa. Provavelmente a única, com uma hemorragia bastante grave, que também poderia ser fatal. Se não morresse, certamente ficaria com sequelas muito graves. Ficaria inválida.

— Doutor, eu sou o pai da Andreia. Você está me perguntando o que eu penso dessa informação?

— Não, não estou lhe perguntando a sua opinião nem lhe solicitando autorização para a realização do procedimento. O médico sou eu. E eu decidi fazer esse procedimento de alto risco. Sei o que você está sentido. E se eu fosse o pai certamente também não saberia o que dizer.

— E quando você vai fazer o procedimento?

— Assim que vocês saírem desta sala. Vou mantê-los informados.

Saí da sala e fui imediatamente questionado pelos irmãos da Andreia e por outras pessoas amigas. Confesso que não sei exatamente o que eu lhes disse.

Algumas horas depois visitei a Andreia na UTI, entubada, sem conseguir mexer nem os seus olhos. E o jeito era esperar. Rezar para que tudo acontecesse da melhor forma.

E a Andreia sobreviveu. E é um pouco dessa história que ela resolveu compartilhar com seus familiares, com seus amigos e com todos aqueles que a conhecem ou todos aqueles que têm interesse em saber como tudo isso aconteceu.

Hoje ela tem clara consciência de suas limitações, mas é (sempre foi) uma guerreira sem igual, e consegue fazer desse limão uma boa limonada. E eu estou muito orgulhoso pelo fato de ela estar morando em nossa casa, em Ivoti, desde o início da pandemia, e ter confiado à Anelore (minha esposa) e a mim os cuidados necessários para que possa ir levando de forma digna a sua vida.

Ela sabe que só o fato de ter sobrevivido ao AVC de tronco já é uma bênção de Deus, e procura tirar dessa situação tudo aquilo que lhe dá o necessário ânimo para ver nisso uma oportunidade para animar todo o seu entorno familiar e suas relações com um restrito número de amigos e amigas que ela preserva com o máximo carinho.

Em nossas conversas diárias, percebo muito bem o que tudo isso significa para ela e o quanto ela valoriza a vida e a oportunidade que Deus lhe concedeu e ainda concede. Nesse contexto, deve ser destacada a relação que ela mantém com os seus filhos, o Arthur e o Guilherme, que a têm como referência ética, se comunicam com ela pelo WhatsApp praticamente todos os dias e passam com ela, em Ivoti, os fins de semana, duas ou três vezes ao mês. E ela sabe o valor dessa relação que mantém com os seus filhos, colocando tudo isso em uma perspectiva positiva e animadora para o futuro, tanto para ela quanto para eles. Ela e eles se sentem como confidentes. Bonito de ver.

Impressionante o valor que ela atribui à comunicação que consegue estabelecer com o mundo próximo e distante utilizando os recursos disponibilizados pela internet, que ela opera utilizando apenas o movimento da cabeça (como cursor), e o piscar dos olhos e o movimento dos lábios (como clic). O Facebook, o Instagram, o WhatsApp, o e-mail e tudo mais que eu nem sei utilizar, tudo isso, utilizado de forma muito eficiente e autônoma, permite que estabeleça o contato com o mundo e com as pessoas, mantendo-se muito bem informada e participativa, com clara percepção da evolução daquilo que acontece e para onde as coisas estão indo. Na maioria das vezes, quando a gente imagina que está indo, ela já está voltando.

Pois agora ela resolveu colocar no papel todas essas vivências, especialmente aquelas que lhe são significativas nos últimos 14 anos, a partir desse acontecimento que foi determinante para as muitas mudanças com as quais ela e toda a nossa família tivemos a necessidade (ou a oportunidade) de aprender a conviver nessa nova e desafiadora realidade que nos envolveu.

Andreia reuniu com muito cuidado e muito critério as questões sobre as quais pretende refletir. Ela inclusive me disse que, se publicar alguma coisa, que seja algo bem-feito.

O livro apresenta cinco partes: 1. Considerações iniciais, com textos de orientação médica e psicopastoral; 2. Relato da Andreia, com destaque para algumas situações que marcaram fortemente a sua trajetória de superação; 3. Depoimentos de familiares e amigos; 4. Adendos; 5. Álbum de imagens coloridas.

É importante ressaltar que o livro está ilustrado junto aos blocos de texto com imagens em preto e branco, mas permite o acesso a imagens em movimento pelo QR Code, utilizando-se o aparelho celular.

Belmiro Meine
Pai da autora, apoiador e coordenador do projeto de publicação

SUMÁRIO

BLOCO I

INFORMAÇÕES PRELIMINARES 15

1.1 Mensagem do Dr. Luciano Furlanetto 15

1.2 Infarto do tronco encefálico 17

1.3 Diretrizes para reabilitação e recuperação de AVC 19

1.4 Recursos médicos – recursos divinos 20

BLOCO II

APRENDENDO A VOAR: UMA HISTÓRIA DE SUPERAÇÃO 31

2.1 O início de tudo 32

2.2 Com meus pais e meus quatro irmãos 32

2.3 Na maternidade 35

2.4 Estudo no ensino superior 35

2.5 Minha saída de casa 36

2.6 Sinais estranhos 36

2.7 O prognóstico 38

2.8 Tive muita sorte 38

2.9 A experiência do CTI 39

2.10 E os meus meninos? 43

2.11 A transferência para o quarto do hospital 44

2.12 Uma das coisas mais difíceis 45

2.13 O período de recuperação no Lar Moriá 46

2.14 A mobilização dos amigos 46

2.15 O retorno para minha casa 47

2.16 Me incomoda demais 49

2.17 Doar sangue – Você pode fazer a diferença na vida de alguém 50

2.18 Muita fisioterapia e fonoaudiologia 50

2.19 Neuromodulação 53

2.20 A utilização de um programa de computador operado apenas com os movimentos da cabeça e dos olhos 54

2.21 A aquisição do automóvel adaptado e ganhos de mobilidade 55

2.22 A relação com os meus filhos...56

2.22 Os cuidados e a relação com as cuidadoras 57

2.24 A mudança para a casa de meus pais em Ivoti 59

2.25 Acessibilidade 61

2.26 A importância da família 63

2.27 Onde encontro forças para continuar lutando pela vida?...............64

2.28 Para encerrar...70

2.29 Álbum virtual 70

BLOCO III
DEPOIMENTOS... 73

3.1 ARTHUR MEINE DREYER – Filho (imagem 16)....................73

3.2. ÁTILA F. WEBER – Sobrinho (imagem 17)..............................75

3.3 CRISTIANO RAFAEL MEINE – Irmão (imagem 18)................76

3.4 DALIA MACHADO – Cuidadora e amiga (imagem 19)..............79

3.5. ELAINE BEATRIZ SANTOS – Cuidadora e amiga (imagem 20)......80

3.6 GUILHERME MEINE DREYER – Filho (imagem 21)................81

3.7 LOREANE CRISTINE MEINE – Irmã (imagem 22).................84

3.8 LOVANI VOLMER – Amiga (imagem 23)..................................89

3.9 MAURO ANDRÉ MEINE – Irmão (imagem 24)........................91

3.10 MIRNA PETRY – Amiga (imagem 25)....................................93

3.11 MÔNICA BEATRIS MEINE – Irmã (imagem 26)....................95

3.12 ROBERTA INES BRAGA SANGALLI – Fisioterapeuta e amiga
(imagem 27)..97

BLOCO IV
ADENDOS.. 101

4.1 HeadMouse e teclado virtual.. 101

4.2 O simbolismo da borboleta 102

4.3 Dicas a serem respeitadas 105

4.4 Nas manhãs do Sul do mundo.. 106

4.5 Salmos de gratidão para meditar 107

4.6 Poemas de Bráulio Bessa Uchoa... 109

4.7 Plasticidade cerebral.. 115

BLOCO V
ÁLBUM DE IMAGENS COLORIDAS.. 121
SOBRE A AUTORA 133
AGRADECIMENTOS 134

INTRODUÇÃO

A minha vida, nos últimos 14 anos, foi muito diferente de tudo aquilo que eu imaginava até o dia 27 de julho de 2009, em que tive um AVC de tronco muito agressivo. Tive de deixar de ser a Andreia de antes, para ser a Andreia de depois. Tive que aprender quase tudo novamente. Com a carroça em andamento. Mas, com a cabeça no lugar, resolvi encarar esse desafio decidida a olhar para tudo isso da forma mais positiva possível. Perdi todos os movimentos dos membros superiores e inferiores, tive que aprender a respirar sozinha, tive que aprender a mastigar os alimentos, tive que aprender a engolir a água, tive que aprender a deglutir os alimentos, tive que...

Minha família e meus amigos sempre me animaram a relatar essa minha experiência em um livro. Mas, considerando as limitações com as quais eu tinha que conviver, sempre resisti a essa ideia.

Com o tempo, no entanto, por insistência quase chata de meu pai, que apoia outras pessoas a escreverem livros relatando as suas memórias, eu acenei com a possibilidade de pensar no assunto.

E quando me dei conta, já estava anotando e escrevendo as primeiras linhas. Passei a sentir a necessidade de compartilhar com minha família, com meus amigos e com os interessados em geral a minha experiência, até como fonte de informação para lidar com situações semelhantes, em caso de necessidade.

Tenho a convicção de que este meu relato pode auxiliar muitas pessoas que, de forma totalmente inesperada, precisam aprender a conviver com algum quadro semelhante em sua família, certamente peça fundamental para que se tenha alguma chance de sucesso no apoio a uma pessoa atingida por algum evento dessa natureza.

E aos poucos o meu relato começou a ter forma. E para mim passou também a ter sentido. E mostrei algumas partes já escritas ao meu pai. E ele achou os fragmentos de texto muito legais. E me encorajou a continuar. E agora, devidamente articulado, ajustado e focado, está sendo entregue em forma de livro, para que possa ser lido, apreciado e utilizado como estímulo para a superação de situações que exijam um mutirão de superação.

Nas páginas deste livro descrevo um pouco das minhas lutas pessoais, das minhas conquistas e das pessoas incríveis que me apoiaram e que até hoje me apoiam. Compartilho minhas emoções e reflexões sobre a vida (minha nova vida), a superação e a importância de nunca desistir.

Foi uma maneira que encontramos de inspirar outras pessoas que passaram ou estejam passando por alguma situação parecida. Mostrar que, mesmo nas situações mais complicadas, podemos encontrar esperança e força para continuar lutando.

Sinto-me uma vencedora. A escrita me deu voz para compartilhar a minha história.

Ficou comigo a tarefa de escrever a minha história; com o meu pai a tarefa de me apoiar na organização do material; com alguns de meus amigos o desafio da escrita de depoimentos.

Espero que muitos leiam este meu relato, não apenas por serem (ou terem sido) meus amigos, mas por já conviverem com quadros semelhantes em suas famílias, ou por terem a consciência no sentido de que um evento dessa natureza pode atingir qualquer pessoa em qualquer idade.

Ao longo do texto, inseri alguns QR Codes. São músicas de vários estilos e também alguns vídeos que, de uma ou de outra forma, me fazem sentido neste momento. Preste atenção na letra das músicas e, se puder, ouça com fone de ouvido. A experiência é outra.

Ao final do livro, encontra-se um QR Code com as fotos aqui presentes e mais algumas outras coloridas, uma espécie de álbum virtual.

Espero que gostem!

Boa leitura!

A autora

BLOCO I

INFORMAÇÕES PRELIMINARES

1.1 Mensagem do Dr. Luciano Furlanetto – Médico intensivista

ANDREIA... Significa forte, viril e predispõe à coragem, à lealdade e à fidelidade. Muito decidida, a pessoa assim chamada transmite segurança a todos que a rodeiam. Inteligente e sensível, sempre consegue o suficiente para viver confortavelmente.

Meu nome é Luciano Furlanetto. Sou médico intensivista há mais ou menos 28 anos... Tempo de profissão suficiente para já ter participado de inúmeras histórias, e ter entendido de uma forma muito clara que a capacidade de adaptação é um predicado presente nas pessoas felizes e bem-sucedidas.

Há algumas semanas, seu Belmiro, pai da Andreia, me escreveu um e-mail contando que a filha estava escrevendo sua história. Ele perguntou se eu aceitaria dar um breve depoimento como médico.

Seu Belmiro... Andreia... Vocês ainda não sabem, pois só agora contarei um segredo: com o cuidado para não revelar nomes, conto e reconto a história de vocês para pacientes e amigos. Em rodas de conversa, quando se discute amor, dedicação e família, é de vocês que falo. Ao falar sobre pessoas com luz no olhar, são vocês que cito como exemplo.

Nestes 28 anos de profissão, alguns detalhes se perdem. São tantos plantões que já perdi a conta, horas e horas que se misturam. Algumas coisas, entretanto, nos marcam para sempre. Lembro com exatidão o momento em que uma moça muito jovem e bonita chegou à UTI, acometida por um AVC Isquêmico de fossa posterior... Sem querer entediar os leitores com termos técnicos, chamamos isso de

"Síndrome de Locked-In": é o que acontece quando o paciente permanece completamente lúcido, mas mantém o movimento apenas dos olhos. Sem falar, sem movimentar um único músculo... Com dois filhos pequenos e uma família maravilhosa ao seu redor, Andreia fora acometida por esta síndrome.

Do ponto de vista técnico, as tentativas de tratamento não foram nada boas.

Foram várias semanas de UTI, ventilação, infecções, traqueostomia... Ainda assim, ali estava a Andreia, sempre com a mesma força nos olhos. Ali estava a família de Andreia, ao seu lado, cuidadosa, atenciosa. Ali estavam os filhos de Andreia, dois loirinhos que agitavam a Unidade com a mesma luz no olhar que víamos na paciente do leito 9.

Se a medicina fosse um conto de fadas... Ah, se a própria vida fosse um conto de fadas.

Infelizmente, não é. A vida, cruel e simplesmente, continua sendo apenas a vida: real e inusitada, surpreendente e grandiosa. A vida é maior e mais misteriosa do que nós conseguimos compreender.

Até hoje a Andreia não voltou a caminhar. Ainda tem uma dificuldade imensa de falar e permanece sob os cuidados da mesma família maravilhosa que adentrou com ela na UTI naquele plantão.

Esse poderia ser o fim da história, mas não é: apesar disso, a Andreia nunca perdeu seu brilho contagiante no olhar. Continua sendo um exemplo de força, coragem, lealdade, alegria e fidelidade à vida, como diz o significado do seu próprio nome.

Andreia, obrigado pela tua capacidade de adaptação. Obrigado por me dar a oportunidade de participar de alguns parágrafos da tua história. Obrigado pelo brilho do teu olhar.

1.2 Infarto do tronco encefálico

Escrito pelo Medical Knowledge Team
Atualizado em 25 de janeiro de 2022 às 07:33 BRT

Visão geral

Um infarto do tronco cerebral é um tipo de acidente vascular cerebral (AVC), no qual o fornecimento de sangue para o cérebro é interrompido afetando o tronco cerebral, a parte do cérebro acima da medula espinhal, que regula a respiração, pressão arterial e frequência cardíaca.

Pessoas com alta pressão arterial, colesterol alto, doenças cardiovasculares (como ataques cardíacos ou AVC anteriores) ou que têm membros da família com essas doenças têm risco aumentado. Os sintomas mais comuns são tonturas, vertigem, desequilíbrio e funções vitais, como respiração e ritmo cardíaco, prejudicadas. A recuperação após um acidente vascular cerebral depende do tamanho da área do cérebro envolvida. Em alguns casos, esta pode ser uma doença fatal, embora isso seja incomum. Muitas pessoas se recuperam bem com fisioterapia e tratamento da causa de seu acidente vascular cerebral.

Riscos

Os infartos do tronco encefálico são causados por uma interrupção no suprimento de sangue ao tronco encefálico, seja por bloqueio dos vasos sanguíneos (acidente vascular cerebral isquêmico), seja por hemorragia no tronco encefálico (acidente vascular cerebral hemorrágico). Esta condição é mais comum nos homens, e torna-se mais comum com a idade. Pessoas com fibrilação atrial (um ritmo cardíaco anormal), pressão alta, colesterol alto, doenças cardiovasculares e história familiar de acidente vascular cerebral ou miniacidente vascular cerebral estão em maior risco de acidente vascular cerebral. Fumar, abuso de álcool e inatividade física também aumentam o risco de desenvolver esta condição.

Sintomas

Os sintomas podem variar muito de uma pessoa a outra, e dependem da área do cérebro afetado. Os sintomas comuns são tonturas, desequilíbrio, perda de audição e visão dupla.

Algumas pessoas perdem a sensação ou tem fraqueza na face, nos braços ou nas pernas. Algumas pessoas têm soluços persistentes, náuseas, vômitos ou dificuldades respiratórias.

Diagnóstico

O diagnóstico é feito em geral por um médico com experiência ou por neurologista com base nos sintomas, em um exame clínico e uma tomografia computadorizada (TC) ou ressonância magnética (RM) do cérebro. Também se pode fazer um ultrassom Doppler das artérias do pescoço e uma angiografia para procurar bloqueios em outros vasos sanguíneos. Outros exames podem ser um eletrocardiograma e exames de sangue para função renal e hepática.

Tratamento

Um possível infarto do tronco cerebral requer atenção urgente por um médico. O tratamento depende do tipo de infarto, e dos sintomas. Se foi sangramento o que causou o infarto, pode ser necessário bloqueá-lo com um clipe ou micromola.

Se a causa foi o bloqueio de um vaso sanguíneo, este pode ser dissolvido com a ajuda de medicação. O tratamento a longo prazo depende das consequências do derrame, mas a fisioterapia e tratamento por fonoaudiologia são úteis. Algumas pessoas podem precisar tomar medicação para afinar o sangue, a fim de evitar outro acidente vascular cerebral.

Prevenção

Exercitar-se regularmente, perder peso e deixar de fumar e de consumir álcool ou drogas pode ajudar a evitar as chances de um derrame.

Pressão arterial elevada, fibrilação atrial e diabetes devem ser bem controlados, a fim de reduzir o risco de acidente vascular cerebral.

Prognóstico

O resultado de um infarto cerebral depende do tamanho do infarto e da área do cérebro que foi afetada. Em alguns casos, pode ser uma situação potencialmente fatal. O diagnóstico precoce e o tratamento melhoram a probabilidade de recuperação. Em alguns casos, esta condição resulta em graves complicações a longo prazo.

1.3 Diretrizes para reabilitação e recuperação de AVC

American Heart Association / American Stroke Association

A reabilitação do AVC requer esforço sustentado e coordenado de uma grande equipe, incluindo paciente, familiares e amigos, cuidadores, médicos, enfermeiros, fisioterapeutas e terapeutas ocupacionais, fonoaudiólogos, terapeutas recreacionais, psicólogos, nutricionistas, assistentes sociais e outros. A comunicação e a coordenação entre esses membros da equipe são fundamentais para maximizar a eficácia e a eficiência da reabilitação e fundamentar toda a diretriz. Sem comunicação e coordenação, é improvável que esforços isolados para reabilitar o sobrevivente de AVC atinjam seu pleno potencial.

O cuidado pós-hospital e a reabilitação são geralmente considerados um custo a ser cortado sem o reconhecimento do seu impacto clínico e capacidade de reduzir o risco de morbidade futura, resultante da imobilidade, depressão, perda de autonomia e redução da independência funcional.

A provisão de programas abrangentes de reabilitação com recursos, dosagem e duração adequados é um aspecto essencial do tratamento do AVC e deve ser uma prioridade nesses esforços.

Fonte: Guidelines for Adult Stroke Rehabilitation and Recovery. Stroke, 2016.

1.4 Recursos médicos – recursos divinos

Na atualidade a Medicina provê recursos para quase todas as enfermidades, quer curando, quer aliviando o sofrimento. E, graças a Deus, privilegia a pessoa enferma, como um todo, em vez de tratar apenas a doença. O ser humano, na sua dignidade, é mais do que uma alteração de órgãos e sistemas.

Sob o ponto de vista teológico, aprovamos todos os esforços honestos e competentes como alicerçados na bênção divina. Acima de todos os recursos técnico-científicos, Deus vocaciona profissionais devidamente habilitados e orienta os seus procedimentos, mesmo que eles não o saibam, ou não o queiram saber. Nem todos são cristãos, mas são amparados pela graça divina.

Por outro lado, a ciência médica esbarra em limitações, em casos limítrofes. O próprio profissional, diante de um prognóstico desfavorável, admite isso. A fé em Deus abre um horizonte acima da competência humana. Em outras palavras, tanto a Medicina como a Teologia assistem a casos de superação de limites humanos que podem ser a cura física, ou a certeza de que alguém está envolvido pela proteção divina que dá ao paciente sentimentos de paz, tranquilidade e confiança.

Essa vivência se estende a familiares que, em oração e gratidão, estão ao lado de quem enfrenta a adversidade como uma provação, acompanhada de força para suportá-la (Leia 1. Coríntios 10,13). Nem sempre chega a um ponto crítico. É possível que o paciente recupere funções que parecem íntegras, enquanto outras entram em declínio. É o caso da Andreia Meine, objeto desta publicação, que traz depoimentos surpreendentes dela mesma: exerce atividades cognitivas com excelência, enquanto outras, na área neuro-motora, estão paralisadas. Não me cabe, nestas questões preliminares, avaliar os aspectos médicos do caso, que ficam com os profissionais da área que a estão acompanhando. Quero destacar apenas sinais de superação em áreas nobres, vitais que oportunizam habilidades e emprestam sentido à sua vida.Em relação a uma avaliação psicológica, cabe acrescentar seu objetivo, tanto na saúde mental, psiconeurológica como em habilidades cognitivas, sensoriais, psicomotoras ou psicossociais.

Em épocas passadas se procuravam problemas, desajustamentos. Hoje se privilegia a descoberta de potencialidades, possibilidades, aspectos sadios. Mesmo que surjam limitações sérias, denotando incapacidade e dependência, considera-se a dignidade humana. Sempre que há possibilidades de inclusão, na escola e no trabalho, estas devem ser aproveitadas.

A comparação entre pessoas ditas "normais" e pessoas com deficiência é relativa e muitas vezes injusta. A deficiência é questão de grau, fluida quantitativa e qualitativamente. Todos(as) somos deficientes em algum aspecto, deficientes no cumprimento dos mandamentos divinos, especialmente no cumprimento do amor ao próximo. Ninguém é tão perfeito que possa ser considerado superior em relação a outro considerado inferior.

A avaliação psicológica está focada primeiro na dignidade humana; depois no desempenho maior ou menor de habilidades. Uma avaliação das potencialidades e possibilidades busca o progresso conquistado no desempenho em relação a si próprio numa visão diferenciada, no aproveitamento dos seus recursos.

Acima de todos os recursos humanos, a graça divina está presente no caso da Andreia e se torna uma amostra daquilo que Deus faz, além do entendimento humano.

Vem à mente a palavra do salmista: "Entrega o teu caminho ao Senhor, confia nele e o mais Ele fará." (Salmo 37,5)

SAÚDE É O BEM-ESTAR MAIOR?

Certamente todos assim o esperam.

O conceito de saúde é "um completo bem-estar físico, mental e social, e não apenas ausência de doença" (OMS). É o ser humano estar bem na função dos órgãos e sistemas orgânicos, estar bem nas funções mentais, estar bem na sua integração social.

Apesar de científica, esta conceituação está incompleta, ao deixar de lado a saúde espiritual.

Que vem a ser esta área? Enquanto corpo, mente e condição social perfazem uma integridade em nível imanente, a saúde espiritual transcende os limites da existência terrena. Abre o horizonte para o caminho eterno com Deus. Leva a um horizonte maior, a uma dimensão mais ampla. Como estamos diante de Deus?

Se todas as pessoas, nos termos da OMS, estivessem com saúde, sem doença, todos seriam completos, felizes, realizados. Sabemos que não é assim. Bastaria a Medicina, a Psicologia, a Assistência Social cumprir o seu papel, e o mundo seria um paraíso...

Ninguém diria que essas áreas são dispensáveis. Pelo contrário, Deus seja louvado, chegam a resultados para uma existência terrena com menos sofrimento, superam ou aliviam estados de desequilíbrio orgânico, psíquico ou social, gerando uma possível homeostase pela sua intervenção.

Que bênção extraordinária alguém se recuperar de uma enfermidade física, psíquica ou de um desvio social, retornando a suas atividades com saúde!

Mas, se isto não for o caso? No relato bíblico, dez leprosos foram curados por Jesus, mas apenas um voltou para uma restauração completa da sua vida. A palavra do Senhor: "Levanta-te e vai. A tua fé te salvou" (Mateus 9,22) lhe deu a saúde completa, a salvação eterna. Também em outros casos, a exemplo da cura de uma mulher hemorrágica (Mateus 9,22), de um homem cego (Lucas 18,42), tiveram essa bênção.

A cura é imanente, temporal; a salvação é transcendente, perene. A saúde espiritual é o bem-estar com Deus, o estar de bem com Deus, a reconciliação com o autor e senhor da vida que em Jesus Cristo veio resgatá-la.

Neste contexto, uma palavra sobre o sacramento da Ceia do Senhor, no caso especialmente para doentes. Um medicamento a mais? Não, vai além da saúde. É a oferta para o fortalecimento da comunhão com Deus, no momento agora e para a eternidade.

APRENDENDO A VOAR: UMA HISTÓRIA DE SUPERAÇÃO

Estar de bem com Deus transcende toda ajuda humana, concede à existência terrena um sentido maior, um sabor de eternidade.

RESILIÊNCIA, COM QUE RECURSOS?

Resiliência é a capacidade de enfrentar e superar uma adversidade. Precisa dispor de recursos externos e internos para acontecer. A hipótese psicanalítica levanta mecanismos de defesa do ego diante da ansiedade, no caso da ansiedade diante do percurso de uma enfermidade, diante do diagnóstico e do prognóstico. Que vai acontecer comigo? Por que isso acontece comigo?

O ego é a instância da personalidade consciente diante do real, acima do subconsciente e do inconsciente, que estão abaixo da superfície, no aparelho mental.

Em situação de ameaça, os mecanismos de defesa 'armam' tentativas de proteção, que vão desde a negação da realidade até a repressão das evidências adversas, em busca de alívio para o sofrimento. Embora de cunho psicopatológico, conseguem evitar ou postergar a ansiedade, tendo uma relativa atenuação do sofrimento. A resiliência enfrenta o problema por meio de um mecanismo mental inconsciente.

Outra forma de resiliência é enfrentar o problema de maneira consciente, aberta. Sei o que se passa e quero encarar a situação com os recursos disponíveis. Acredito na conduta médica ou psicológica, acredito na minha força interna, na minha vontade de viver. Muitos casos encontraram um desfecho favorável por meio dessa postura.

Estatísticas demonstram a superação de patologias mesmo graves, melhora do prognóstico e da evolução favorável de casos.

E o que esperar da assistência espiritual? Pastores e sacerdotes, em contato com pacientes graves, relatam aquilo que, em termos humanos, seria denominado de milagre. Curas inesperadas, surpreendentes, acontecem pela oração acompanhada de imposição das mãos, seguidas de respostas pela fé. A palavra de Deus, anunciada e aceita, é dinâmica e desperta forças que vão além do entendimento humano. Sentimentos de perdão dos pecados, paz, proteção, abrigo inundam o coração humano, inundam o inconsciente, promovem cura e alívio.

A carta aos Hebreus afirma que a palavra de Deus, ao atingir o âmago, as profundezas da alma e do espírito, determina os desígnios do ser humano (Hebreus 4,12).

A presença do Espírito Santo vivifica corpo e alma, em Cristo, renova o fôlego de vida, como relatado no Gênesis, quando Deus deu vida a uma formação de pó.

O salmista recomenda: "Sejam fortes e corajosos(as), vocês que põem na esperança no Senhor Deus" (Salmo 31,24).

Resiliência no plano humano, mas ainda acima, fé nos planos divinos.

AMOR SOLIDÁRIO

Conta-se que havia duas formas de amor, cada uma construía o seu reino. A primeira cultivava o amor a si mesma. A outra, o amor aos outros. Ao distinguir uma da outra, não se deram conta de que as duas são recíprocas, que uma alimenta a outra.

Deus não quer separar a estima pelos outros da autoestima. "Ama teu próximo como a ti mesmo(a)", diz Jesus. Ele mesmo assim o fez. Cuidando dos outros, cuidava de si mesmo. Amava e se sentia amado por Deus.

Na parábola, o samaritano continuou cuidando de seus negócios após socorrer o semelhante necessitado. Já o sacerdote e o levita passaram por ele de longe, porque tinham outro objetivo: ir ao templo (Lucas 10,25-37). Ajudar o semelhante é ajudar a si mesmo, quando considera a dignidade do outro como a sua própria.

Uma forma de altruísmo, entretanto, é suspeita: esperar por uma recompensa, por exemplo, a admiração de outros. No centro está o ego, o egocentrismo.

Os fariseus ostentavam "santidade", para serem admirados pelo povo (Mateus 6,1). Uma forma de hipocrisia, condenada por Jesus (Mateus 5,43-48).

Cuidar de pessoas enfermas ou limitadas física ou mentalmente, exige desprendimento, renúncia, mas isso não deveria ser visto como sacrifício. É tarefa, é dedicação, é misericórdia, embora delimite necessidades próprias. Não deveria comprometer a autoestima ou o autocuidado. Negligência, maus-tratos, por vezes, são consequências de sobrecarga, estresse, e o(a) cuidador(a) passa a agir defensiva e ofensivamente.

Cuidadores(as), professores(as), enfermeiros(as) e outros profissionais na área humanística, pressionados pela rotina e pelo desgaste, chegam até o *burnout*, o esgotamento, que compromete a sua eficiência no trabalho e a própria saúde.

Pergunta: Como cuidar de outros sem se descuidar de si mesmo(a)?

Alguns princípios:

1. Ser portador(a) de saúde física e emocional, a ponto de suportar os desafios da tarefa.

2. Ter o preparo necessário para realizar a contento a tarefa.

3. Dispor de recursos necessários, como estrutura material, instrumentos de trabalho e principalmente apoio, em alguns casos, de supervisão.

4. Ter como recorrer a pessoas de confiança para confidências sobre frustrações, falhas, insatisfações, não ser julgado(a) desmerecidamente.

5. Cultivar a espiritualidade, na oração e no convívio; contar com o amparo divino.

Autoestima não é sinônimo de egocentrismo. Cuidar de outros é cuidar de si mesmo(a).

FAMÍLIA CUIDADORA

Levanta-se a seguinte questão: onde um(a) paciente, uma pessoa com deficiência, uma pessoa idosa estão melhor cuidados, numa instituição pública, ou no convívio familiar? Onde alguém, nesta situação, se sente melhor cuidado, acompanhado, seguro?

Vamos analisar as duas possibilidades. Alguém, pelo seu estado de comprometimento na saúde ou nas limitações, precisa estar internado. Aqui profissionais, devidamente habilitados, têm condições de exercer a sua função com mais competência. Recursos técnico-científicos e práticos estão à disposição, para maior eficiência e eficácia no acompanhamento. No aspecto estritamente profissional, espera-se, acrescentar-se o cuidado compreensivo, afetivo, humanizado.

O estar com a família, em casa, é estar num ambiente conhecido, habituado. O lar proporciona vivências próximas, de familiares e não de pessoas estranhas. A casa, seu mobiliário, os objetos com valor afetivo, o pátio, o jardim e os arredores continuam presentes como antes. Mesmo sem o preparo de profissionais, a proximidade dos familiares, a casa presta apoio e convívio pessoal.

Estamos nos referindo a situações ótimas, pelo menos razoáveis, para um acompanhamento humanizado e empático, o que nem sempre acontece.

Voltando ao ambiente familiar, constatamos que a própria configuração da família está passando por mudanças. A família tradicional, pai, mãe, filhos, filhas, ainda existe, eventualmente incluídos os avós e os netos. Novas formas de convívio conjugal e familiar estão surgindo:

- Pais separados, guarda compartilhada da prole.

- Presença de um padrasto ou de uma madrasta, em lugar dos progenitores.

- Convívio com apenas uma figura materna que assume o papel de figura paterna ausente.

- Famílias de um casal homoafetivo que adota filho ou filha, na ausência de uma relação com o referencial paterno ou materno.

Pergunta-se: qual será a família "ideal"?

Uma família cuidadora? Ela existe?

Sem querer dar receitas, trazemos algumas premissas, algumas possibilidades que poderiam favorecer um convívio sustentável e saudável, onde alguém precisa de cuidados pela sua condição de saúde ou limitações:

1. Ver no(a) próximo(a) a pessoa que ele(a) é, um ser humano, um familiar, com suas virtudes e suas fraquezas.

2. Acompanhar o(a) necessitado(a) numa atitude compreensiva e ao mesmo tempo objetiva, dentro dos recursos disponíveis.

3. Buscar supervisão e orientação junto a profissionais habilitados, sempre que necessário.

4. Sempre que possível, incluir o familiar na tomada de decisão ou procedimentos.

5. Colocar o(a) familiar diante do cuidado divino, pela partilha e pela oração, na certeza de que a bênção de Deus supre eventuais falhas ou omissões dos familiares. Deus está presente com seu poder e sua misericórdia, em Cristo.

POR QUE, SENHOR DEUS?

Para encerrar esta parte de considerações preliminares do livro, trago a pergunta frequente por quem se defronta com uma adversidade, seja na área pessoal, como uma doença grave, seja na área social, como a violência, seja na área da natureza, como uma catástrofe, ou outras.

Uma entrevista com um jovem ilustra a sua inconformidade diante de Deus:

Você crê em Deus?

Não, e, mesmo que ele exista, é cruel; tenho provas disso.

Você acredita na palavra de Deus?

Não, como saber se é de verdade?

Você aceita Jesus como seu Salvador?

Não, seu sacrifício nada mudou, nem na sociedade nem na minha vida.

Mas então em que ou em quem você bota fé?

Em ninguém, nem em mim mesmo, nada tem sentido.

A resposta desse jovem descrente parece sincera, devido a suas frustrações diante de Deus e da sociedade. Doenças graves, colapsos socioeconômicos, maldade humana, catástrofes na natureza, frustrações na vida pessoal reclamam por respostas.

Entre os salmos, temos os de louvor e os de lamentação. O salmista expressa suas queixas, seu clamor por justiça, seu desamparo (ex.: 5, 13, 17, 22, 74, 120, 139).

A existência humana está exposta a riscos e a sofrimentos. Onde encontrar abrigo? Será que em meio à contestação está a procura, busca por um Deus misericordioso? Onde está o Deus de amor?

Por outro lado, o ser humano, criado por Deus para a comunhão, muitas vezes está distante e indiferente. No Gênesis lemos que os desígnios do ser humano são maus, desde a origem. A maldade está no seu coração e determina ações suas (Gênesis 8,21).

Quando vêm adversidades, levianamente ele culpa Deus e pergunta "por que, Senhor?" Deus o chama, o busca, mas ele não vem. Deus mandou o Salvador, mas eles o crucificam e o desprezam.

Deus não pune o pecado humano, mas prova o ser humano. Em sua rebeldia, o ser humano passa por provações e buscas. Por quê? Para se dar conta de que ele necessita de Deus. É um necessitado e incompleto, frágil e errante, ingrato e pretensioso.

Deus tudo provê, mas ele nunca está satisfeito. Busca outras "soluções", enganosas. E depois?

FUGA PARA O PRAZER, UMA ILUSÃO

Quero relatar um caso que mostra como o ser humano, em situação de risco, cria uma ilusão, na fuga da realidade.

Uma senhora recebe a notícia de que o avanço de sua enfermidade entra num estágio final: tem 30 dias de vida. E o que ela faz? Quer viver esses últimos dias de maneira prazerosa. Aluga um apartamento de luxo, compra roupas de grife, contrata uma culinária repleta, participa de diversões. Tudo isso abaixo de efeitos paliativos que lhe tiram a dor.

Ao final do prazo previsto, coloca-se no alto da sacada do prédio, olha para baixo e é tomada de um torturante sentimento de vazio. No meio externo, tudo do melhor; no seu interior, uma frustração extrema diante da vida.

Não preciso relatar o desfecho.

Uma saúde debilitada poderia despertar respostas de luta, em vez de fuga; de resiliência, em vez de ilusão; de busca divina, em vez de fatalismo. Imagino que a paciente poderia ter tido outro desfecho com um amparo na vida espiritual, buscando em Deus a força para enfrentar seu caso crítico. Seu breve tempo de sobrevida poderia ter se transformado numa vivência de estar nas mãos de Deus, de estar preparada para a passagem. Uma certeza de que nada, nem morte, nem vida... nem coisas do presente nem do porvir... nada nos pode separar de Deus, que está em Cristo Jesus (Romanos 8,38-39).

Comentamos no início que a ciência médica esbarra em limitações, apesar de toda inovação e competência na área. Tanto a Medicina como a Teologia se veem colocadas diante de estágios críticos.

Medidas paliativas de um lado; acompanhamento pastoral de outro. Ambos os recursos são necessários. Entretanto, o próprio paciente, pela fé, vivencia os resultados. Ele tem o direito de saber de seu estado, de se preparar para a passagem, para a sua Páscoa.

Outro exemplo, adaptado a uma parábola de Jesus (Lucas 15,3-7):

Um pastor de ovelhas proveu o bem-estar de seu rebanho: abrigo, alimentação, cuidado. Ao chamar as ovelhas para o abrigo, estas o desacataram, fugiram e se distanciaram cada vez mais. Nem o chamado nem a repreensão adiantaram.

Então o pastor tomou a seguinte iniciativa: pegou uma ovelhinha que tinha ficado para trás, frágil, limitada fisicamente, a colocou sobre seus ombros e, a vista das outras, a carregou para dentro do abrigo.

Ao ver esse gesto, todas foram atrás e voltaram.

O amor superou a rebeldia; a misericórdia, o abandono; a oração, o infortúnio.

Salmos iniciam-se com uma adversidade e terminam com louvor. A misericórdia de Deus está acima de erros humanos, de fuga e de ilusões.

PÓS-ESCRITO:

Graças a Deus, muitos casos, como o da Andreia, encontram continuidade de vida e de habilidades, resultado de cuidados médicos, familiares e da resiliência própria, da autoestima e, acima de tudo, da graça divina.

João Carlos Donário Bencke

Pastor e psicólogo, vinculado à Igreja Evangélica de Confissão Luterana no Brasil (IECLB)

BLOCO II

APRENDENDO A VOAR: UMA HISTÓRIA DE SUPERAÇÃO

Momentos
Victor e Leo

Há momentos inevitáveis
Que o coração da gente pede respostas
É nessa hora
Que a gente diz que não entende a vida e chora
Se a gente soubesse
O quanto merece cada um
O que cada um tem
A gente nada pediria
Simplesmente o bem faria
Para merecer o bem
Eu, que sempre tive o que dizer
Hoje, ouço em silêncio
Levei tempo pra entender
Que só o tempo
Apenas o tempo nos ensina a viver

> *Observação: Essa música me emociona muito, uma vez que fala sobre aproveitar e valorizar os momentos de felicidade da vida. A canção traz uma mensagem positiva e ressalta que não se prender aos problemas do dia a dia torna a vida mais leve. Às vezes não nos damos conta de que o simples fato de poder beber um copo d'água já é uma bênção.*

2.1 O início de tudo

Nasci numa pequena cidade do Rio Grande do Sul, em Ivoti, mais precisamente, Cidade das Flores. Claro, EU nasci aqui (brincadeira). Foi no Hospital São José, onde todos os meus irmãos também nasceram. (Mais para frente, conto uma história sobre o dia do meu nascimento.) Tenho quatro irmãos, duas irmãs mais velhas (Loreane e Mônica) e dois irmãos mais novos que eu (Mauro e Cristiano). Como diz meu pai, um time de vôlei.

2.2 Com meus pais e meus quatro irmãos

Nasci em um lar cristão, da igreja Luterana (IECLB). Fui batizada e confirmada. Hoje tenho uma visão holística da espiritualidade. Respeito todas as religiões e me valho um pouco de cada uma. Desenvolvi muito a minha espiritualidade depois do AVC. Sem ela, teria sido muito complicado atravessar esse período.

Meus pais são da área da Educação, e eles trabalhavam numa escola que tinha internato. Cresci literalmente dentro da escola, pois alguns professores tinham suas moradias lá. Minha infância foi muito feliz. Não existia internet, tínhamos que inventar nossas próprias brincadeiras. "Sacode o milho" e "Bilhetinho" eram algumas delas. Os amigos e amigas eram filhos de outros professores que moravam dentro da escola também, cada um na sua casa.

Imagem 1-Férias em Joaçaba-SC com meus pais e irmãs.

Imagem 2 - Acampamento com uma família de amigos.

A rotina era basicamente a mesma para todos: aula pela manhã, almoço e a tarde era reservada para andar de bicicleta, correr, enfim, se divertir. Mas às 18 horas, quando o sino da igreja que fica ao lado da

escola dava a primeira badalada, todos, sem exceção, deixavam tudo o que estivessem fazendo e corriam para casa. Hora do banho, tema de casa... No outro dia, tudo de novo.

Apesar de ser calminha e muito tímida, aprontei algumas peraltices, como tomar um vidro inteiro de Ilosone (antibiótico muito gostosinho) e parar no hospital, pois tinha acabado com minha flora intestinal; quebrei duas vezes o mesmo braço (não foi culpa minha); em um dos vários acampamentos com a família, entrei na barraca errada, achando que era a nossa (também, era igual...); fui precursora do Mike Tyson (dei uma mordida nas costas da Mônica que chegou a sangrar (foi ela que começou); e por aí vai.

Mais tarde, quando eu tinha uns 10 anos, fomos morar na nossa casa recém-construída, que fica ao lado da escola.

Minha vida escolar foi toda lá, do Jardim de Infância ao terceiro ano do Ensino Médio.

Tive muitas oportunidades. Aprendi a tocar flauta e violino. Cantei em corais e integrei a orquestra escolar, tocando violino. Participei de uma excursão artística pela região Oeste do Paraná por duas semanas. Convivi com diversas famílias. Experiência interessante. Tive um currículo escolar rico e interessante; estudei inglês, alemão, latim e grego, disciplinas que me foram importantes no ensino superior e na atividade profissional. Confesso que o grego foi uma pedra no meu sapato. Vou dar um exemplo: Μαθαίνοντας να πετάω. O que significa? "Aprendendo a voar". Não lembro de mais nada, mas botei no Google Tradutor, para dar um exemplo.

Minha vida social também aconteceu de forma geral no espaço da escola, o internato misto. O grêmio estudantil era encarregado da organização dos muitos e diferentes eventos sociais, culturais, recreativos e esportivos. Vida bastante intensa! Sábados à noite, por exemplo, aconteciam as "Reúnas" (Reuniões Dançantes), cujo horário máximo para encerrar era 22 horas.

Como era uma escola com muitos alunos internos (rapazes e moças) no ensino médio, era muito natural que surgissem os namoros ocasionais ou até mais permanentes. E foi nesse espaço que conheci o meu primeiro e único namorado.

Eu também era atleta: disputava a prova de 4x100, tendo inclusive participado da Olimpíada Nacional da Rede Sinodal de Educação realizada em Lajeado,

2.3 Na maternidade

4/10/1972. Hospital São José. A Andreia nasce de parto normal. Tudo como manda o figurino. Eis que a enfermeira leva a criança para a D. Anelore. (minha mãe). Estranhando a roupinha que eu estava usando, que não era aquela que ela tinha levado, ela perguntou à enfermeira sobre o caso. Resumo da ópera: eu, provavelmente, estava no colo de outra mãezinha, e a minha mãe com um menino nos braços. Até hoje eu tenho curiosidade em saber quem era aquele bebê.

2.4 Estudo no ensino superior

Foi no mesmo dia em que comecei no meu primeiro emprego que tive a minha primeira aula no ensino superior. Dia puxado. Diferente. Cursei Secretariado Executivo Bilíngue na Unisinos. Hoje esse curso já não existe mais. Como não era um curso com muitos alunos, as alunas se conheciam e cursavam várias disciplinas juntas, o que era bom, pois havia muita troca de experiências. Minha melhor amiga, Mirna, também cursava SEB. Nós nos formamos juntas, em agosto de 1999.

Mirna é uma das únicas amigas que, sempre que eu preciso, está pronta para me ouvir e me ajudar. É uma pessoa muito especial. Ter uma amizade que dura desde os primeiros anos de vida é um presente valioso. Nós duas temos lembranças compartilhadas que são muito preciosas. Essa amizade é baseada numa conexão única e profunda, que resistiu ao teste do tempo. Não temos um contato diário, mas volta e meia colocamos as fofocas em dia. Temos um ano de diferença. Fizemos praticamente tudo juntas. Até na mesma empresa nós trabalhamos, até o meu AVC.

Foi a última pessoa com quem falei por telefone antes de ser internada.

Imagem 3 - Mirna, Mônica e eu no show da dupla Victor e Léo, em 2018.

2.5 Minha saída de casa

Em 1995, meu pai iria começar a trabalhar em Porto Alegre. Eu trabalhava e estudava em São Leopoldo. Meu namorado Adolfo também morava lá. Achei que era a hora de sair das asas dos meus pais para começar uma nova fase na minha vida. Fui morar com o Adolfo. Foi um marco importante na minha vida. Um momento de independência e de crescimento pessoal. O início não é fácil para ninguém; a parte financeira foi um pouco complicada, mas sempre demos um jeito.

Em 2000 compramos um terreno e construímos nossa casinha. Vieram os filhos e quando eles tinham 3 e 5 anos (e eu 36) passou um furacão em nossas vidas.

2.6 Sinais estranhos

Acordei tonta. Muito tonta. Vomitei também e fomos para a emergência. Constataram que a pressão estava um pouco alterada. Fui medicada e liberada. Durante aquela semana tive vários episódios iguais e várias vezes fui procurar ajuda médica. Muitos diagnósticos diferentes. Exatamente uma semana depois, além da tontura e dos vômitos, eu perdi completamente a audição.

O Samu foi acionado, mas estamos aguardando a ambulância até hoje. Irresponsabilidade total. Se não tivéssemos um meio de transporte próprio, eu não estaria aqui contando a minha história.

Já não conseguia caminhar sozinha e, mais uma vez, corremos para a emergência. Percebendo que a coisa era mais séria, fui encaminhada para a cidade vizinha para uma tomografia. Nada. Por precaução, fiquei internada para observação.

Foi a primeira vez que andei de ambulância. Sempre tive curiosidade em saber o que estava acontecendo lá dentro, quando via uma ambulância na estrada, mas não comigo. Foi uma experiência tensa, estranha e intensa, com sirene e luzes piscando.

Tudo isso aconteceu num sábado, e na segunda-feira faria uma ressonância. Eu me lembro muito pouco daquele final de semana. Uma das poucas coisas que lembro é que eu estava sentindo que não tinha muita força nos braços. Hoje eu sei que já era efeito do AVC que estava em andamento. Naquela época, além de jamais imaginar que isso pudesse acontecer comigo, e não saber nada sobre o assunto, eu tentava me mostrar forte e evitar preocupações aos meus familiares. Se fosse hoje, sabendo das consequências que viriam pela frente, teria manifestado tudo aquilo que eu estava sentindo. Naquela noite, mal consegui jantar. A enfermeira perguntou se eu estava precisando de ajuda para comer (isso tudo por escrito, pois ainda estava surda), e eu prontamente respondi que não. Na minha cabeça, precisar de ajuda para me alimentar, aos 36 anos de idade, era algo inconcebível. Se eu soubesse...

Daí vem a importância de conhecer os sintomas de um AVC.

Foi durante a ressonância que a situação piorou. Acordei uns vinte dias depois, numa UTI, de fralda, com sonda nasogástrica e traqueostomia, sem conseguir me mexer nem falar. Mexia somente os olhos, mas de maneira desordenada.

Meu irmão Mauro, que é médico dermatologista, veio do Rio de Janeiro para tentar entender o que estava acontecendo e dar um suporte para a família.

2.7 O prognóstico

O médico chamou o Adolfo e o meu pai numa sala e foi direto, sincero: "A situação da Andreia é muito complicada. As chances são mínimas". Podemos tentar diluir o sangue dela para que o coágulo que se alojou no tronco cerebral também dilua. Há risco de o organismo não resistir a essa diluição, e ela morrer. Na melhor das hipóteses ela pode ter hemorragias por diversas partes do corpo. Se ela conseguir sobreviver a tudo isso, provavelmente vai ficar em estado vegetativo". Imagino que essa conversa não tenha sido nada fácil. Assim que eles saíram da sala, iniciou-se esse procedimento. Eu realmente tive uma hemorragia na barriga e tiveram que fazer uma cirurgia para estancá-la. Comecei ali a contrariar os prognósticos.

Até hoje cada pequeno avanço, por menor que seja, é comemorado como uma final de campeonato.

2.8 Tive muita sorte

Por mais estranho que possa parecer, reconheço que tive muita sorte.

Primeiro, por estar dentro do hospital em observação no momento do AVC. Se estivesse em casa, eu estaria sozinha com o Arthur e o Guilherme. Obviamente tudo poderia ter sido diferente.

Segundo, por ter sido atendida naquele instante (e até hoje) pelo Dr. Luciano Furlanetto (médico intensivista). Um verdadeiro gigante. O Dr. Luciano já me salvou duas vezes.

Todos os médicos que me atenderam até hoje, das mais diversas especialidades, foram essenciais para que eu pudesse chegar até aqui com saúde, mas dois, em especial, merecem todo o meu respeito e confiança de olhos fechados. São eles o Dr. Luciano Furlanetto e o Dr. Elton Sanchotene, que cuida dos meus rins. Nós nos encontramos algumas vezes por ano no bloco cirúrgico para remoção de cálculos renais, que insistem em continuar se formando.

2.9 A experiência do CTI

Estrada Nova
Oswaldo Montenegro

Eu conheço o medo de ir embora
Não saber o que fazer com a mão
Gritar pro mundo e saber
Que o mundo não presta atenção
Eu conheço o medo de ir embora
Embora não pareça, a dor vai passar
Lembra se puder
Se não der, esqueça
De algum jeito vai passar
O sol já nasceu na estrada nova
E mesmo que eu impeça, ele vai brilhar
Lembra se puder
Se não der esqueça
De algum jeito vai passar
Eu conheço o medo de ir embora
O futuro agarra a sua mão
Será que é o trem que passou
Ou passou quem fica na estação?
Eu conheço o medo de ir embora
E nada que interessa se pode guardar
Lembra se puder
Se não der esqueça
De algum jeito vai passar

O principal motivo de eu ter escolhido esta canção para fazer parte do livro é a primeira frase: "Eu conheço o medo de ir embora". Realmente conheço. Seja na dimensão que for: profissional, amorosa, geográfica, mas principalmente na dimensão de estar entre a vida e a morte. Sei que esta canção pode ter diversas interpretações. O próprio título diz muito para mim: "Estrada Nova". A minha estrada fez uma curva de 180 graus, e a única opção era tentar me adaptar da melhor maneira possível, e cuidar para não derrapar na curva.

Nunca imaginei que algum dia estaria internada numa UTI. Fiquei naquele lugar um mês, uma boa parte desse tempo em coma induzido. Estar em coma é muito estranho. Eu não estava nem dormindo nem acordada. Lembro-me de muitos fatos e também de muitas conversas. Eu ouvi muita coisa dos enfermeiros, mesmo estando em coma, e posso afirmar que não foram nada legais. Se eu pudesse dar um conselho a alguém que pretende visitar uma pessoa em coma, eu diria: "muito cuidado quando for visitar uma pessoa em coma. Converse, mas fale coisas boas, positivas". Talvez isso tenha acontecido por eu estar em coma induzido. Comigo foi assim que aconteceu.

Não vi um filme da minha vida, nem um túnel com uma luz muito forte e clara no final. Tinha muitos sonhos, pesadelos ou até alucinações. Não sei o que eram. Todos com algo em comum: a morte. A MINHA MORTE.

Como a vida é frágil! Ela nos lembra que o amanhã não é garantido; por isso, aproveitar cada momento ao máximo é algo imprescindível. É importante ter calma diante dos desafios, seguir em frente e enfrentar o desconhecido com coragem. Em um segundo a vida pode mudar totalmente. Num dia eu estava trabalhando, cuidando dos meus filhos, aproveitando a vida, e no outro eu estava em coma, intubada, usando fralda. Muito louco tudo isso!

Quando acordei, a primeira coisa que lembro foi meu pai parado ao lado da minha cama. Estava tentando me dizer que eu tinha tido um AVC. Muito bem, agora vou fazer o que eu tenho que fazer, e vou sair daqui. Foi isso que passou pela minha cabeça. Doce ilusão. Nem imaginava o que ainda viria pela frente, pelo resto da vida.

Aquele BIP, BIP, BIP dos aparelhos me assustava. Às vezes o BIP era mais longo, o que me assustava mais ainda. A minha estada no hospital foi justamente na pior onda de H1N1, em 2009. Muitos infelizmente não sobreviveram. Em função disso, as visitas eram restritas e os horários também.

Se algum dia tive medo de agulhas, esse medo foi curado rapidinho. Encontrar uma veia em mim é tarefa de gincana. Raramente encontram na primeira picada. Nem na segunda. Normalmente são várias "picadinhas" até encontrar uma veia que não estoure. Até a jugular é uma opção, mas no pescoço dói. Muito.

Tinha desejo de tomar refrigerante. Claro que isso era impossível naquele momento. Dois em especial: Fanta Uva e Fanta Laranja. Outro desejo era tomar banho de chuva. Sentia muito calor, mesmo num dos invernos mais rigorosos. Acredito que a causa desse calor era a febre. As pessoas vinham me visitar "entrouxadas", e eu só com um lençol.

Me levaram um aparelho de CD (sim, em 2009 ainda se ouvia) e ouvi tanto Kid Abelha, que enjoei.

Difícil mesmo foi ficar um mês inteiro sem ver meus meninos. Muita saudade.

"Como estão, com quem estão, estão comendo direitinho? E a cabeça deles como está?..." Por um bom tempo não tinha muita noção da realidade em função dos remédios.

Minha irmã Mônica "emoldurou" uma foto deles, e essa foto me trouxe a certeza de que eu precisava lutar com todas as minhas forças para ficar bem. Passava o dia todo olhando para eles.

Imagem 4 - Foto que me acompanhou naquele mês na UTI.

Acho que aqui cabe uma frase que li em algum lugar: "Não é o mais forte da espécie que sobrevive, nem o mais inteligente, mas sim aquele que se adapta às mudanças" (Charles Darwin).

Ali nasceu uma nova Andreia. Muito mais esperta e grata por TUDO. A gente só dá valor às pequenas coisas quando a gente as perde. As pequenas coisas são as mais importantes.

Guilherme tentando se comunicar comigo. Estava há poucos dias em casa. Detalhe: ele ainda não sabia ler nem escrever.

Ao longo desses 14 anos, tive mais algumas passagens pela UTI, por diversos motivos diferentes. E por diversas vezes tive que acionar o meu lado felino, que tem sete vidas. Imaginar (ou melhor, SABER) que sua vida está por um fio e que depende do seu organismo reagir aos medicamentos que os profissionais estão administrando, isso não é uma situação nada confortável. Ao contrário, é assustadora. Posso dizer com toda a certeza que não desejo isso para ninguém. Começam a surgir diversos pensamentos: culpa, impotência, arrependimento... A solução, para mim, foi confiar no tratamento, em primeiro lugar, e saber que tinha muita gente orando por mim e esperando a minha volta para casa. Foi por essas pessoas que desistir nunca foi uma opção.

Estar na UTI é sinônimo de "não descansar". A todo momento entra uma pessoa, medicamentos, nutricionista, fisioterapia, hora do banho, higienização do quarto, refeições, a visita do médico plantonista... à noite eles dão uma folga.

Eu entendo que todos os cuidados são necessários, mas eu me incomodava quando recém tinha pegado no sono e era acordada. O jeito era fazer cara de paisagem e dar aquele sorrisinho.

De toda forma, os profissionais que trabalham ali são todos muito divertidos e competentes, com exceção de uma técnica de enfermagem que me atendeu na minha última passagem por lá. Fiquei tão incomodada, que fiz uma coisa que nunca tinha feito. Não gosto de barraco, em nenhum aspecto da minha vida. Minha eterna gratidão a toda a equipe de enfermagem que me atendeu sempre com muita competência e paciência.

Fiz uma reclamação por escrito para o hospital. Penso que um mínimo de empatia se tem que ter para atender os pacientes mais fragilizados de um hospital. Soube, alguns dias depois, que ao menos uma reunião foi feita para discutir o assunto e evitar a repetição de situações semelhantes com outros pacientes.

2.10 E os meus meninos?

Lovani e Paulo (amigos de longa data e compadres) foram MUITO importantes. Desde que fui internada até a minha volta, eles cuidaram dos meninos como se fossem filhos deles. Os meninos tiveram que trocar de escola, em função da logística. Escola essa que, por ironia do destino, fica em frente ao hospital no qual eu estava internada. Isso por questões de logística, pois Lovani trabalhava lá (e onde ainda trabalha), e as meninas Júlia e Bethânia (filhas do casal) estudavam na FEEVALE. Da janela do meu quarto, a visão era a escola, o que me confortava e fazia com que me sentisse mais perto deles. Por alguns dias meu divertimento foi acompanhar um casal de João de Barro construir seu ninho no alto de um poste de luz.

Aos finais de semana, a Loreane e o Régis se ocupavam com eles, na maioria das vezes, e também fizeram TOTAL diferença.

A Môni também deu muito apoio, na tentativa de amenizar essa situação difícil para os meninos.

Não sei como tudo isso teria sido sem a ajuda de vocês.

Serei eternamente grata.

2.11 A transferência para o quarto do hospital

Depois de um mês na UTI, finalmente uma boa notícia. O quarto. O primeiro quarto foi dividido com uma senhora não muito simpática. Certo dia, do nada, as enfermeiras entraram apressadas no quarto, dizendo que eu iria para outro.

Agora eu estava em um quarto individual, cheio de cuidados. Ninguém, absolutamente ninguém, entrava ou saía do quarto sem antes se besuntar com álcool em gel. Na verdade, eu estava sendo isolada, pois tinha contraído uma infecção. A primeira de muitas.

Matei a saudade do Arthur e do Guilherme, que vinham todos os dias me ver depois da escola.

As idas deles ao hospital eram sempre as mais divertidas.

No dia do meu aniversário organizaram uma festa no meu quarto, com direito a balões e torta de bolacha (que eu ainda não podia comer). Era regra do hospital que somente duas ou três pessoas entrassem por vez no horário de visitas. Naquele dia havia umas vinte pessoas no quarto. Família, amigos, vizinhos... cada um entrou por uma entrada diferente do hospital. Até as enfermeiras participaram da farra. Foi muito divertido.

Imagem 5 - Aniversário no hospital dois meses depois do AVC.

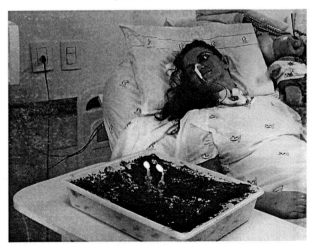

Imagem 6 - Homenagem no Dia das Mães na escola.

2.12 Uma das coisas mais difíceis

Tive que reaprender muitas coisas: comer, beber, ter paciência, falar (ainda estou no processo), mas uma das coisas mais difíceis foi aprender a respirar sozinha, sem o auxílio do respirador. A traqueostomia criava uma sensação horrível, mas o processo de retirada do equipamento foi pior ainda. Meu corpo estava acostumado a não fazer esforço nenhum para se manter oxigenado. Não foi na primeira nem na segunda tentativa de retirada da cânula que tive êxito. Não me lembro de quantas vezes tentaram a decanulação. A falta de ar era muito forte. Tenho uma ideia daquilo que as pessoas que tiveram Covid-19 sentiram. Quando as enfermeiras vinham ao quarto com o material para a retirada do equipamento, eu já entrava em pânico. Enfim, consegui, e respirar sozinha foi uma das melhores sensações que senti.

Sair do hospital sem a "tráqueo" foi uma vitória. Finalmente pude dar adeus às tão temidas aspirações.

2.13 O período de recuperação no Lar Moriá

Em outubro, depois de muita insistência do Dr. Luciano, que dizia que eu deveria sair do hospital pelo risco de contrair mais infecções, fui para o Lar Moriá, em São Leopoldo.

Nossa casa estava sendo adaptada para me receber com as novas condições.

Confesso que, quando fui informada de que iria para lá, não simpatizei nada com a ideia. Como assim? Um lar de idosos? Mas aos poucos fui percebendo que essa era uma das únicas alternativas. Estava perto de casa, equipe de enfermagem para auxiliar nos cuidados, um ambiente que não era o de hospital.

Sinceramente acho que os vovôs e vovós não gostaram muito da minha passagem por lá. Acabamos com aquela calmaria de um asilo. Digo "acabamos" porque os meninos iam me visitar todos os dias. Naquela época eles tinham 4 e 6 anos recém-completos. Corriam, gritavam, brincavam... afinal eram duas crianças saudáveis. O clima já era pesado demais por toda a situação, nós queríamos mais era poupá-los de tudo aquilo.

Muitos passeios pelo pátio do Lar, que por sinal é lindo. Muito choro também.

Acho que foi ali que a minha ficha realmente começou a cair. Claro que já no hospital eu tinha ideia que tudo aquilo era muito grave, mas ainda havia 1% de esperança de que alguma coisa diferente pudesse acontecer.

Fiz amizade com as enfermeiras, mas não tinha praticamente nenhum contato com os idosos. Minha alimentação ainda era por sonda, mas vez ou outra, meu pai levava um sorvetinho. Fazia muito calor e o sol entrava direto no meu quarto de manhã. Apesar de não sentir fome nem sede, adorava a hora que me davam chá gelado. Não podia sentir o gosto, mas sentia o geladinho pelo cano da sonda. Que delícia.

Fiquei no Lar Moriá até o dia 13 de dezembro.

2.14 A mobilização dos amigos

Sempre tive muitos amigos. Estávamos sempre fazendo almoços ou jantares um na casa do outro e nós acompanhávamos o crescimento de cada família.

Tivemos muitos afilhados, a maioria dessa turma.

Quando tudo aconteceu, alguns amigos organizaram meio frango, jantar com churrasco em um CTG, entre outros, para auxiliar nas despesas iniciais do meu tratamento. Foi nesse churrasco a minha primeira saída pós-AVC. Já estava no Lar Moriá. Confesso que não lembro muita coisa daquela noite, talvez por conta da emoção. Gratidão, amigos. Tenham a certeza de que cada gesto nos ajudou muito.

Lentamente, a maioria dos amigos foram se afastando, o que é normal e natural que aconteça. Eu tenho algumas ideias sobre o motivo de isso ter acontecido. Talvez pela minha dificuldade na comunicação, talvez por não saber lidar com essa nova realidade ou simplesmente pela correria do dia a dia.

2.15 O retorno para minha casa

Treze de dezembro de 2009. Quem diria. Após cinco meses e meio, as adaptações na casa ficaram prontas. A minha recepção foi com churrasco, espumante e fogos. A família e os amigos próximos estavam lá.

Conheci a parte nova da nossa casa e lembro que me emocionava com cada detalhe. Não pude nem provar aquela comida porque ainda não havia me livrado da sonda. Algum creme ou sorvetinho eu me arriscava, mas a comida sólida era proibida. Líquidos também.

Os primeiros tempos, confesso, foram muito difíceis. Eu, uma pessoa independente, me ver numa situação na qual dependia dos outros para tudo.

Arthur pegando uma carona na minha cama.

Literalmente tudo. E eu tinha que aceitar aquela nova situação por bem ou por mal. O jeito foi facilitar as coisas para todos. A situação já não era fácil para ninguém, se eu começasse a ver defeito em tudo, com certeza tudo ficaria ainda mais pesado.

Aos poucos fui me despedindo do meu antigo corpo. Não era um corpo de modelo, mas era o MEU corpo. Tive que comprar roupas novas, mais folgadas, para facilitar um pouco. Dei adeus às minhas calças jeans e aos sapatos de salto. Que dor no coração!

Perdi massa, principalmente nos ombros, o que faz com que hoje eu dificilmente saia de casa de regata. A minha pele, meu cabelo, minhas unhas, tudo foi se transformando.

Lembro-me da primeira vez que me vi no espelho depois do AVC, no hospital. Me assustei. Eram tantos medicamentos, tantos antibióticos, que meu rosto ficou cheio de espinhas. Cheio mesmo, rosto e pescoço. Não havia nada a fazer, a não ser aprender a conviver com as novas formas.

Muitas vezes durante o dia pareço estar mascando chiclete. Na verdade, estou mordendo o nada, tentando engolir a saliva. Impossível para mim, sem antes dar umas mastigadas no vazio. Aprendi que a minha língua está aos poucos aprendendo a recolher e engolir a saliva, coisa que uma língua ágil faz em segundos e de uma vez só.

O segredo está em adaptar-se às situações. Aprendi que o ser humano é superadaptável.

Mais um desafio: aprender a comer e a beber. Não sentia fome nem sede, pois a sonda dava conta dessa parte, mas isso é muito desconfortável. No início, a comida era batida toda no liquidificador e a água era "engrossada" com espessante. Ficava parecendo uma gelatina que ainda não está pronta para ser comida. Primeiro era de colherzinha. O canudo demorou para entrar em cena e, quando aprendi a sugar, o canudo era cortado ao meio, pois eu ainda não tinha força para sugar no canudo inteiro.

A comida, de liquidificada, passou a ser fervida por mais tempo para ficar bem macia. Depois de um tempo, comecei a comer comida normal mesmo com alguns engasgos, para o terror da fono.

Em 2015 veio a separação do Adolfo. Na verdade, é isso que acontece na grande maioria dos casos parecidos com o meu, mas eu achei que comigo fosse ser diferente.

Vídeo: Aprenda a Resiliência com o Ratinho (engraçado).

2.16 Me incomoda demais

As pessoas agem de forma diferente ao se depararem com uma pessoa numa cadeira de rodas. Tenho que destacar que tem muita gente disposta a ajudar. Somos (os cadeirantes) até mesmo mimados em algumas situações. Um exemplo foi um salva- vidas que me carregou no colo do calçadão até a beira da praia em Nova Tramandaí. Mas tem de tudo: gente que me olha com pena, gente que torce o nariz por pensar que eu tenho uma doença contagiosa, gente que age como se eu tivesse uma doença mental. Há também aqueles que imaginam que eu seja surda. Outro dia, enquanto aguardava para entrar no bloco cirúrgico, o anestesista veio conversar conosco (meu pai e eu). A linguagem era infantilizada e o tom muito alto. Quando ele saiu, caímos na risada. Isso é bem comum acontecer.

Alguns falam comigo de igual para igual e outros, além de me tratarem com naturalidade, ainda dão um sorriso especial, expressam um gesto doce.

A maioria das crianças não escondem o medo que sentem da cadeira de rodas, o que significa apenas que não estão habituadas com isso, o que não é culpa delas.

2.17 Doar sangue – Você pode fazer a diferença na vida de alguém

Em duas situações diferentes eu precisei de transfusão de sangue. A primeira foi por ocasião do rompimento de um cisto hemorrágico e a outra foi no ano passado (2022), quando estava com uma infecção urinária muito séria. Não lembro quantas bolsas eu precisei ao todo, mas sei que não foram poucas. Umas sete talvez, ao todo.

Sou imensamente grata a quem doou. Não sei quem fez esse gesto, mas sei que essas bolsas fizeram diferença na minha vida.

A doação é um ato voluntário e necessário, essencial em diversas situações médicas, como as transfusões para pacientes que sofreram acidentes, em cirurgias ou doenças graves. Também é importante para pacientes oncológicos, na hemodiálise e em doenças crônicas.

Cada doação pode salvar a vida de até quatro pessoas; por isso, é muito importante esse gesto de amor por quem está apto a fazê-lo.

Se você está em boas condições de saúde, faça a sua parte e doe sangue sempre que puder!

Também a doação de órgãos é um ato de generosidade e solidariedade que pode fazer a diferença na vida de muitas pessoas. Ao se tornar um doador de órgãos, você pode oferecer uma nova chance de vida a alguém que precisa.

Converse com a sua família sobre o assunto e, se for o caso, deixe esse desejo registrado na sua Carteira de Identidade ou de Habilitação.

2.18 Muita fisioterapia e fonoaudiologia

Ainda na UTI, começaram as sessões de fisioterapia. Mobilização dos membros superiores e inferiores, "fisio" pulmonar e aspiração da secreção pela tráqueo, o que era simplesmente horrível. Horrível de sentir e horrível de assistir, que era o caso do meu acompanhante do dia. Em uma linguagem bem simples: essa aspiração consiste em inserir uma cânula pelo orifício da traqueostomia para sugar secreção, a fim de promover a oxigenação adequada ao paciente.

Quando estava no Lar, comecei a fazer sessões de fisioterapia em uma clínica em Porto Alegre. Tortura. Muita dor, muito choro.

Não aguentei aquela rotina de ir diariamente a Porto Alegre. Nós saíamos do Lar Moriá às sete horas da manhã, horário de maior movimento na BR-116. O congestionamento era diário.

Voltei para a antiga fisioterapeuta, que me atendia no Lar Moriá com um barrigão de grávida. Hoje, Petro tem quase 14 anos. A Roberta mereceria um capítulo só dela neste meu relato. Até hoje ela me atende em minha casa.

Imagem 7 - Roberta e eu durante uma sessão de fisioterapia.

Roberta e eu tivemos uma criação muito parecida e pensamos de forma muito parecida em muitas coisas. Construímos uma grande amizade, e ela me conhece tão bem que sabe se estou bem ou não só de me olhar.

Preciso dizer que não gostava muito das sessões de fonoterapia. Todas as profissionais que me atenderam foram essenciais durante esses 14 anos: na mastigação, na deglutição, na fala, na mobilização ... Ainda falo de forma muito enrolada, mas, com paciência e um pouco de boa vontade do ouvinte, eu me faço entender. As fonoaudiólogas que me perdoem, mas alguns exercícios, embora importantes, são muito chatos.

Um dos exercícios era botar a língua para dentro e para fora da boca, o que demorou anos para que eu conseguisse realizar bem, uma vez que até a língua ficou paralisada. Portanto, se você me encontrar e eu estiver com a língua para fora, fique tranquilo: estou só fazendo exercício.

Imagem 8 - Meu pai e eu em uma sessão de fonoterapia com aplicação de laser nas cordas vocais.

Acho que, junto com os cursos de Fisioterapia e Fonoaudiologia, todos os profissionais que me atenderam, cursaram Psicologia em paralelo. Eles têm um dom de dar conselhos, acalmar, entender, enfim, conversar de uma forma muito especial.

Na minha última passagem pela UTI, em fevereiro de 2022, fui atendida por um fisioterapeuta muito humano. Durante um dos atendimentos dele, tive uma crise de choro. Eu imaginava a gravidade da minha infecção urinária pela expressão dos médicos e estava com medo de morrer. Foi ele que me acalmou, conversou comigo e me deixou mais tranquila. Quando já estava bem, fiquei sabendo que realmente poderia ter acontecido o pior.

2.19 Neuromodulação

Imagem 9 - Meu irmão Cristiano e eu, durante uma sessão de eletroestimulação transcraniana.

Por meio da Roberta (fisio) ficamos sabendo de um tratamento novo: Neuromodulação, ou Estimulação Transcraniana. Naquela época, esse tratamento só era realizado em Porto Alegre, na Clínica Nemo. Consiste na aplicação de corrente elétrica contínua de baixa intensidade sobre áreas específicas da cabeça, capaz de gerar mudanças na excitabilidade cerebral.

Nós chamávamos o tratamento de "choquinhos", o que não deixava de ser. A sensação era de que a cabeça estava coberta por formiguinhas, mas não era dor. Junto aos eletrodos, usava-se um óculos de realidade virtual. Bem interessante.

2.20 A utilização de um programa de computador operado apenas com os movimentos da cabeça e dos olhos

Meu primeiro ano pós-AVC foi basicamente fisioterapia, fono e televisão. Sentia falta de ler, de escrever, da internet, de contato com o mundo. Foi meu irmão Cristiano que fez uma pesquisa sobre programas que me possibilitassem fazer isso. E encontrou um programa gratuito (HeadMouse), com o qual escrevo este livro. O movimento da cabeça funciona como cursor e "digito" com os olhos e com a boca, em um teclado virtual.

Imagem 10 - Na minha casa em São Leopoldo.

Faço tudo o que qualquer outra pessoa faz no computador. Tenho minhas redes sociais, WhatsApp, faço pesquisas, vejo filmes, leio livros, faço comprinhas, escrevo...

Conheci muita gente, pessoas que também ficaram tetraplégicas e eu procuro entender como elas estão atravessando essa nova chance que Deus lhes concedeu de viver.

Não me vejo sem meu note, que me acompanha por onde ando. Passo a maior parte do meu dia atrás da tela. Quando não estou lendo, converso com os mais próximos, escrevo, jogo Candy Crush...

Também viajo pelo mundo pelo Google Earth. Vou ao Japão, à Itália, à França, ao mundo todo. Posso caminhar pelas ruas como se estivesse lá.

É uma experiência fascinante. Com essa ferramenta é possível explorar virtualmente qualquer lugar do planeta. Pode-se sobrevoar desde as grandes metrópoles até os lugares mais remotos e desconhecidos do mundo.

E o melhor: SEM PASSAPORTE NEM VISTO.

2.21 A aquisição do automóvel adaptado e ganhos de mobilidade

Em 2016 decidimos que um carro adaptado às minhas necessidades era quase indispensável. Meu pai já não era um "menino" e ambos poderíamos nos machucar durante as transferências cadeira/carro/cadeira, Pesquisando as alternativas existentes no mercado, considerando custos, conforto e segurança, decidimos investir numa Spin. Como pessoa com deficiência, eu tinha 30% de desconto na aquisição de um carro novo. Apesar de ser um processo extremamente burocrático, valeu muito a pena. Em fevereiro de 2017 recebemos o carro. Tudo ficou bem mais fácil e seguro. Minhas idas aos jogos do Inter e do Grêmio, shows, passeios, cervejaria (por que não?) ficaram mais frequentes. Também as consultas médicas e as idas ao hospital ficaram mais fáceis.

Lembro-me da primeira vez que fui ao Beira-Rio para assistir ao meu time (Internacional). Ainda não tínhamos comprado a Spin. Foi tudo muito complicado. Apesar da emoção da primeira vez num estádio, havia também a preocupação. Para quem nunca foi a um lugar desses, recomendo ir também, ao menos uma vez.

A emoção é intensa e única. Há uma mistura de sentimentos que vão desde a ansiedade e a empolgação de antes do jogo, até a alegria ou a decepção, dependendo do resultado do jogo. Eu já experimentei as duas.

Ver as arquibancadas lotadas, ouvir o barulho das torcidas, sentir a vibração, os tambores da torcida organizada, tudo isso cria um ambiente muito especial e envolvente. Diferente de assistir ao jogo pela televisão.

Imagem 11 - Loreane e eu assistindo a um jogo do Internacional.

2.22 A relação com os meus filhos

A relação com os filhos depois do AVC foi desafiadora, mas, com paciência, compreensão e apoio adequado, foi possível construir uma relação saudável, e nós nos adequamos às mudanças, que não foram poucas.

O Arthur teve um pouco mais de dificuldade em assimilar e aceitar a nova realidade, o que afetou diretamente seu desempenho escolar. Acredito que isso aconteceu por ele ser um pouco mais velho e lembrar mais do 'antes'. Até hoje ele lembra muitas coisas que aconteceram antes de 2009.

O Gui não foi tanto. Ele só perguntava com alguma insistência: "Quando a mãe vai ficar boa?"

Hoje, passados 14 anos, nossa relação é ótima. Preocupados com a minha nova condição, me auxiliam no que conseguem. Conhecem o meu olhar como ninguém.

São meninos muito educados, e muito disso se deve ao pai deles (Adolfo), que fez o possível para torná-los pessoas do bem, a quem eu nunca agradeci. Muito obrigada!

2.22 Os cuidados e a relação com as cuidadoras

Cuidadores de pessoas, seja de idosos ou de pessoas que por um ou outro motivo estejam precisando de algum tipo de cuidado, deveriam ser chamados de anjos. Eles desempenham um papel fundamental no cuidado e no bem-estar dos(as) "pacientes".

No meu caso, quando morava na minha casa, tinha uma cuidadora durante o dia e outra durante a noite.

Coincidências da vida, a cuidadora do dia cuidou dos meus filhos quando eram menores, para que eu pudesse trabalhar. A Dalia é uma mãezona. O que estiver ao seu alcance, posso ter a certeza de que a Dalia vai resolver o problema que for. Meio "sargentona", também tem um lado adorável. Dificilmente está de mau humor. Ainda hoje ela mantém a minha casa minimamente habitável e cuida dos meus cachorros. Todas as terças-feiras ela me dá um banho completo, de chuveiro. Aproveito essa ida a São Leopoldo para fazer também uma sessão de fisioterapia.

Imagem 12 - Dalia e eu em Machadinho/RS – águas termais.

Também passaram por lá me ajudando a Sílvia e a Elaine. Ambas no período da noite. Divertidas, atenciosas, comprometidas. Minha eterna gratidão às três, que não pouparam esforços para me auxiliar.

Até hoje, passados mais de 14 anos do dia 27/7/2009, nunca tive qualquer escara. As escaras, também conhecidas como escaras de decúbito ou de úlceras de pressão, são feridas que podem surgir em áreas da pele que ficam muito tempo sob pressão. Por esse motivo, este tipo de ferida é mais comum em quem fica muito tempo na mesma posição numa cadeira de rodas ou deitado na cama, como acontece com pacientes internados ou acamados.

Imagem 13 - Elaine e eu em Nova Tramandaí – banho de mangueira.

2.24 A mudança para a casa de meus pais em Ivoti

Era para ser apenas por alguns dias, em março de 2020, no início da pandemia de Covid-19. Tudo era ainda muito novo; ninguém tinha noção de que essa situação se estenderia por tanto tempo. Como havia circulação de pessoas em minha casa, o risco de eu contrair a doença era muito grande, o que não seria nada bom (se não fatal), visto que a minha saúde, principalmente na questão respiratória, é mais fragilizada. A vacina contra a Covid-19 ainda não existia, e o jeito foi "passar alguns dias" em Ivoti, onde moram meus pais. Escolhi algumas poucas roupas e nos trancamos em casa. Os três somos do grupo de risco; por isso, todos os cuidados deveriam ser redobrados.

Importante ressaltar a grande ajuda da minha irmã Loreane e do meu cunhado Régis, que faziam as compras no supermercado e nos entregavam as coisas, para evitar a contaminação. Eles deram o suporte necessário naquele período.

No ano de 2020 nós instituímos o "Chá da Rainha". Pai, mãe, Loli (Loreane) e eu, pontualmente às 16 horas, tomávamos o café da tarde. A Loli estava trabalhando em home-office e trazia o note para qualquer urgência. Ela mora do outro lado da rua. Era a hora de atualizar os acontecimentos do mundo exterior.

Até hoje, literalmente todos os finais de semana acontece o café, do qual os "meninos" fazem questão de participar, quando estão por aqui.

No início de minha estada em Ivoti eu dormia na biblioteca, em meio aos livros, pois os quartos ficam localizados no andar superior da casa. Após alguns meses, e como não havia a perspectiva de a pandemia passar, decidimos que uma plataforma de elevação seria a melhor solução para chegar ao meu atual quarto. Os dias dali em diante foram de muita quebradeira, pó, barulho. Foram meses complicados, mas tudo ficou como o planejado.

Voltar a morar na casa onde passei quase toda a minha infância me trouxe muitas boas lembranças. Jamais imaginei que um dia voltaria a morar em Ivoti novamente. Enfim, aqueles "poucos dias" viraram semanas, que viraram meses, que viraram anos. E cá estou há mais de três anos e meio.

Sei bem que era eu que deveria cuidar dos meus pais, sei que não é normal (não tem muita lógica) os pais idosos cuidarem da filha de 50 anos. Mas decidimos que seria melhor assim. Meu pai cuida dos meus cuidados pessoais, e minha mãe, da casa em geral.

Imagem 14 - Meus pais comemorando as Bodas de Ouro.

Não tenho palavras para dizer o quão importante foi naquele momento da COVID e está sendo ainda hoje estar sob os cuidados deles. Tenho a certeza de que estou em ótimas mãos, com todo cuidado e amor.

2.25 Acessibilidade

A acessibilidade é um direito fundamental que deve ser garantido a todas as pessoas, independentemente de suas condições físicas ou intelectuais. É importante, pois garante o direito de pessoas com deficiência de participarem das atividades cotidianas, como ir à escola, trabalhar, se divertir e se locomover.

Esse direito é respeitado? Nem sempre.

No Brasil, a Lei Brasileira de Inclusão da Pessoa com Deficiência (LBI), promulgada em 2015, estabelece que todos os espaços públicos, privados de uso coletivo e equipamentos urbanos devem ser acessíveis às pessoas com deficiência. No entanto, ainda há muitos desafios a serem superados em relação à acessibilidade em nosso país.

A falta de informação e de pouca conscientização sobre o tema é um dos principais desafios. Muitas pessoas ainda não sabem o que é acessibilidade ou não entendem a importância de se garantir o acesso às pessoas com deficiência.

O fato é que o Brasil melhorou nos últimos anos, mas ainda há muito a ser feito.

Passei por diversas situações desagradáveis. Vou citar apenas algumas delas:

- *Praia de Nova Tramandaí. A rampa de acesso à praia existia, mas não tinha como chegar até ela com a cadeira de rodas em função do meio fio da rua.*

- *Arena do Grêmio. Em duas situações diferentes, os elevadores simplesmente estavam desligados. Na primeira vez, tivemos que dar a volta no estádio para encontrar um elevador para descer ao estacionamento. Na segunda, meu pai teve que empurrar a cadeira naquela enorme rampa, morro acima. Aquela rampa de acesso definitivamente não foi feita para os cadeirantes, mas sim para facilitar o acesso do público em geral.*

- *Estacionamento com brita. Não funciona para cadeira de rodas. Impossível empurrá-la. Numa festa em uma comunidade da região simplesmente não conseguimos chegar até o local em que era servida a refeição, uma vez que todo o estacionamento era coberto com brita grossa.*

- *Deslocamento em transporte coletivo. É difícil o acesso aos ônibus e trens. Acessos com desníveis e muita falta de paciência das pessoas que operam os equipamentos.*

Imagem 15 - Como chegar na rampa?

Eu teria mais uma centena de exemplos, mas acredito que com esses citados já dá para se ter uma noção das dificuldades que passamos. Sem contar com os outros tipos de deficiência, que certamente são inúmeras.

2.26 A importância da família

Quando o mundo nos dá as costas, quando não temos para onde ir, quando nosso coração está despedaçado e ninguém mais parece se importar conosco, é a nossa família que nos recebe de braços abertos e fica com a gente para o que der e vier. Minha família é a minha estrutura, meu maior exemplo. Meus pais e irmãos me amam da forma mais pura e verdadeira e merecem toda a minha gratidão, todos os dias.

Todos eles, sem exceção, foram essenciais em todo o processo. Cada um de uma forma diferente.

A família exerce um papel fundamental no apoio emocional, nos cuidados físicos e na adaptação do ambiente para o paciente.

A presença constante dos familiares, o encorajamento e a compreensão das dificuldades do paciente são muito importantes para motivá-lo nessa nova fase da vida.

A presença dos filhos também é importante. Certamente eles desenvolveram um importante senso de responsabilidade e empatia. É importante eles receberem apoio emocional e compreensão, para que possam lidar com as mudanças e as dificuldades vivenciadas pela família.

Minha mãe, durante um bom tempo, teve dificuldade em entender e aceitar o que aconteceu. Cada pessoa lida com dificuldades de maneira diferente. Importante foi respeitar o ritmo dela e dar o tempo necessário para ela processar a situação e se adaptar à nova realidade. E foi isso que aconteceu.

Meu pai é o meu herói. Todo o meu carinho, respeito e gratidão a esse homem que, hoje em dia, é meu cuidador e contador de piadas, psicólogo (às vezes), motorista, companheiro das consultas médicas, caixa-forte, incentivador. Ele me estimula a não ficar "parada"...

Meu pai e eu temos uma conexão muito forte. Frequentemente estamos pensando a mesma coisa na mesma hora. Ele desempenha um papel muito importante na minha vida.

2.27 Onde encontro forças para continuar lutando pela vida?

Minha história é triste? Talvez. Sei que, por muito menos, pessoas cometem suicídio ou então entram no mundo das drogas para se esconder dos problemas da vida. Todos temos problemas, uns mais, outros menos. O importante é o que aprendemos (e ensinamos) com os problemas que a vida nos apresenta. A dor trouxe com ela a maturidade, a paciência (mais paciência) e a observação. Acho que também consigo ensinar algumas coisas para algumas pessoas. Força e persistência talvez sejam o principal. Desistir da vida não é uma opção.

Escolher ter uma postura positiva diante de tudo aquilo que aconteceu e acontece depende só de mim. Aceitar que a vida nunca mais será a mesma é uma obrigação minha.

"When it rains it pours"

Essa é uma expressão muito usada no inglês, que essencialmente significa que as coisas ruins ou boas acontecem todas de uma vez.

Se fôssemos traduzir para o português, seria algo do tipo "Quando chove, dá tempestade".

E realmente em alguns momentos da vida somos surpreendidos por uma chuva torrencial de coisas boas; já em outros somos nocauteados por uma sucessão de eventos ruins que chegam como "jabs" de direita sem chance de defesa ou recuo.

Houve uma época em que eu tinha sempre medo daquilo que estava por acontecer a seguir. As pancadas que eu já tinha levado da vida me desestabilizaram ao ponto de acreditar que dar tudo errado era o normal para mim.

Mas a vida em sua gentileza e amorosidade foi me fazendo um carinho aqui, outro ali, tratando com calma e paciência as feridas invisíveis que eu carregava e foi me ensinando que vai chover e dar tempestade, sim, mas que depende de mim sentir medo dos trovões, ou admirar a força e a imponência da água que cai e me encantar com elas.

A vida me ensinou que posso temer a inundação ou me permitir a diversão de dançar na chuva. Posso ter medo dos raios ou posso aproveitar os segundos de luz que eles trazem em meio à escuridão das nuvens carregadas que sempre acompanham as tempestades.

Aprendi que em meio ao caos será sempre possível encontrar um ponto de paz, que em meio à dor, por mais dilacerante que ela seja, será sempre possível encontrar um pouco de amor. Ver sempre o lado bom em frente às mais diversas situações, essa foi uma das lições que aprendi com meus pais. Cada dificuldade, por maior que seja, é uma oportunidade para aprender, crescer e encontrar significado em nossa vida.

Sigo metamorfoseando. A metamorfose é irreversível. Depois que voa, a borboleta jamais volta a rastejar.

Antes de experimentar voos que têm sabor de liberdade, antes de asas bonitas e coloridas, pode haver dor, desconforto, períodos longos de espera. Alguns processos levam tempo, e é preciso ter paciência, pois sem casulo não tem borboleta. Sem casulo não tem evolução. E mesmo que leve tempo, a transformação acontece.

Realmente demorou, mas cá estou eu para contar a minha história.

Se nos permitirmos passar pelo casulo, viver nossos processos aceitando a lentidão de alguns ciclos, se trabalharmos em nós, se investirmos em nossa cura, se nos amarmos o suficiente para buscar a cada dia ser nossa melhor versão, a metamorfose é certa e irreversível.

Daqui só se leva o amor
Jota Quest

Viver
Tudo o que a vida tem pra te dar
Saber, saber
Em qualquer segundo tudo pode mudar
Fazer
Sem esperar nada em troca
Correr
Sem se desviar da rota
Acreditar no sorriso
E não se dar por vencido
Querer, querer
Mudar o mundo ao seu redor
Saber, saber
Que mudar por dentro pode ser o melhor
Fazer
Sem esperar nada em troca
Vencer
É recomeçar

Quando o sol chegar
Quando o céu se abrir
Saiba que estarei aqui
Aqui
Vamos amar no presente
Vamos cuidar mais da gente
Vamos pensar diferente porque
Daqui só se leva o amor
Daqui só se leva o amor
Daqui só se leva o amor
Daqui só se leva o amor

A canção traz uma mensagem positiva da vida e nos faz refletir sobre o que realmente mais importa. A vida é um momento. É um sopro. A gente não se dá conta de que só leva daqui o amor que deu e recebeu, o carinho, a alegria e mais nada.

Quando aprendemos a voar, jamais voltamos a rastejar.

"Há dias em que o coração se torna pequeno, semelhante a um grão de mostarda, e tudo se torna dolorido demais. As horas se tornam massacrantes e atravessar o calendário é excruciante demais. A visão se turva em meio a neblina que se forma em nossos olhos, a tempestade se instala em nós e, quando menos esperamos, chovemos. As lágrimas escorrem livremente."

Pâmela Marques #ómítútú

Pra ser feliz
Daniel

Às vezes é mais fácil reclamar da sorte
Do que na diversidade ser mais forte
Querer subir, sem batalhar
Pedir carinho, sem se dar
Sem olhar do lado
Já imaginou de onde vem
A luz de um cego
Já cogitou descer
De cima do seu ego
Tem tanta gente por aí
Na exclusão, e ainda sorri
Tenho me perguntado
Pra ser feliz
Do que é que o ser humano necessita?
O que é que faz a vida ser bonita?
A resposta, onde é que está escrita?
Pra ser feliz
O quanto de dinheiro eu preciso?
Como é que se conquista o paraíso?
Quanto custa?
Pro verdadeiro sorriso
Brotar do coração
Talvez a chave seja a simplicidade
Talvez prestar mais atenção na realidade

Por que não ver como lição
O exemplo de superação de tantas pessoas
O tudo às vezes se confunde com o nada
No sobe e desce da misteriosa escada
E não tem como calcular
Não é possível planejar
Não é estratégico
Pra ser feliz
Do que é que o ser humano necessita?
O que é que faz a vida ser bonita?
A resposta, onde é que está escrita?
Pra ser feliz
O quanto de dinheiro eu preciso?
Como é que se conquista o paraíso?
Quanto custa?
Pro verdadeiro sorriso
Brotar do coração
Pra ser feliz
Do que é que o ser humano necessita?
O que é que faz a vida ser bonita?
A resposta, onde é que está escrita?
Pra ser feliz
O quanto de dinheiro eu preciso?
Como é que se conquista o paraíso?
Quanto custa?
Pro verdadeiro sorriso
Brotar do coração

Para mim, essa música é um hino.

Fala da necessidade da humildade na vida de todo o ser humano para conquistar a verdadeira felicidade. Fala também da capacidade de reconhecer os próprios erros e dificuldades e lutar contra as adversidades para encontrar superação.

Outro ponto é a exaltação à simplicidade como chave para uma vida mais leve e feliz.

Não há como ser indiferente às pequenas coisas. Coisas tão pequenas e miúdas, mas que se tornam grandiosas quando são vistas com os olhos da fé.

Eu vejo Deus em cada sementinha jogada no solo, em cada gotinha de orvalho da manhã e, principalmente, em cada lágrima que os meus olhos derramaram. Enquanto o meu peito se dilacera com a navalha dos meus julgamentos, incertezas e questionamentos, vou entendendo que tudo isso é necessário. Tudo é sagrado.

2.28 Para encerrar...

"Ela resolveu sair do casulo... pois viu que voar era bem melhor do que se isolar... se fechar, se trancar, se guardar de tudo... vai te fazer perder o mundo aqui fora... e as coisas extraordinárias que poderia te proporcionar... sai da tua zona de conforto... o mundo espera de braços abertos para te ver feliz... só você pode fazer algo bom por você mesmo! Não espere que ninguém te dê asas... voe por si só!!!"

Maria Isabel Ribeiro Lopes #ómítútú vapavora

2.29 Álbum virtual

Uma canção de esperança
Silvio Brito

A canção do vento,
Que embala o campo
traz um novo alento,
mostra um novo canto.
Se você se cansa de tanta escuridão,
busque uma criança no seu coração.
//: Enquanto houver um coração pra ser criança,
lutemos juntos e não vamos desistir.
Ainda resta uma canção de esperança,
anunciando a paz que o mundo há de sentir. ://
Olhando o mundo vemos muito por fazer.
Estenda as mãos e faça a vida florescer.
Estando unidos bem mais fortes vamos ver,
no coração a paz criança renascer.
A canção do vento,
Que embala o campo
traz um novo alento,
mostra um novo canto.
Se você se cansa de tanta escuridão,
busque uma criança no seu coração.
//: Enquanto houver um coração pra ser criança,
lutemos juntos e não vamos desistir.
Ainda resta uma canção de esperança,
anunciando a paz que o mundo há de sentir. ://
Olhando o mundo vemos muito por fazer.
Estenda as mãos e faça a vida florescer.
Estando unidos bem mais fortes vamos ver,
no coração a paz criança renascer.

Canção muito popular na década de 1980. E continua muito atual nos tempos de hoje. Muito cantada entre as crianças e os jovens. Seu texto é de valor eterno e o seu ritmo é empolgante e mexe com todos. A atuali-

dade da canção perpassa toda a letra, mas aparece com muita força no seu estribilho: "Enquanto houver um coração pra ser criança, lutemos juntos e não vamos desistir. Ainda resta uma canção de esperança, anunciando a paz que o mundo há de sentir."

A canção fala de criança, fala de futuro, fala de paz. PAZ, que tanto a humanidade busca, mas que parece estar cada vez mais distante nos tempos atuais.

BLOCO III

DEPOIMENTOS

Seguem alguns depoimentos de familiares e de amigos mais próximos.

3.1 ARTHUR MEINE DREYER – Filho (imagem 16)

Não me recordo muito bem das histórias vividas antes do AVC da minha mãe por não ter ainda 6 anos na época. Apenas me foi dito que ela estava muito doente e que não poderíamos vê-la por algum tempo. O que lembro de antes são lampejos de quando ela, meu irmão e eu esperávamos o ônibus para irmos à creche. Foi em um dia desses que surgiu uma brincadeira interna, o "nosso nosso". Era o que falávamos para nos referir ao ônibus quando ele chegava na parada. Tinha vezes em que meu pai buscava o

Gui e eu na creche e depois passávamos na Unisinos para buscar minha mãe no trabalho. Lá, sabíamos exatamente onde ficava a sala dela e corríamos pelos corredores para chegar até lá rapidamente. Também me lembro de que cantávamos todas as músicas da dupla "Victor & Léo" no carro, quando saíamos para passear. Esses passeios também serviam para me fazer dormir quando estava muito agitado. Por isso até hoje durmo depois de alguns minutos no carro, de carona, óbvio.

Então veio o AVC e, como disse antes, fiquei um bom tempo sem ver minha mãe, dois meses mais ou menos. Durante esse período, quem tomava conta do Gui e de mim eram meus padrinhos Paulo e Lovani, ou, como nós chamamos, o "Kodo" e a "Koda". Durante a semana eles nos levavam para a escola e às vezes dormíamos na casa deles. Nos fins de semana, meus tios Régis e Loreane nos levavam para passear por Ivoti e depois voltávamos para São Leopoldo.

Depois que a mãe saiu do hospital, então pudemos visitá-la no lar de idosos para se recuperar antes de retornar para casa. Lá era uma festa. Meu avô Belmiro disse que o Gui e eu corríamos para cima e para baixo, às vezes chegando a perturbar os "senhorzinhos" com o barulho. Então descíamos para o quintal e corríamos por lá. Também caminhávamos ao redor do lago, onde colhíamos as frutas das árvores.

Mas é lógico que entre esses anos todos não houve só momentos ruins. Vivemos muitas coisas boas também, como viagens e festas. Durante esses anos, construímos memórias incríveis juntos, fortalecendo ainda mais nosso vínculo familiar. Também aprendi que a vida não faz sentido quando a encaramos com seriedade demais. Afinal, dela não sairemos vivos e nada material nos acompanhará. O verdadeiro valor está nas amizades e nos momentos compartilhados com aqueles que residem em nossos corações.

Ainda temos alguns problemas e desentendimentos. Afinal, como disse Nise da Silveira: "Não se curem além da conta. Gente curada demais é gente chata." É isso, muito obrigado por tudo, pessoal.

3.2. ÁTILA F. WEBER – Sobrinho (imagem 17)

Minha tia Téia personifica a resiliência e a superação. Existem muitas coisas impressionantes que ela realiza, como, por exemplo, educar com maestria seus filhos, participar ativamente da família, estar sempre por dentro daquilo que anda acontecendo por aí.

Provavelmente ela participou de mais eventos culturais, artísticos e sociais do que eu e você nos últimos anos.

Como uma pessoa ligada à área da tecnologia na minha profissão, observo especialmente um ponto na caminhada da Téia. Me impressiona a forma como ela abraçou a tecnologia como um meio para sua recuperação e desenvolvimento pessoal. Mesmo diante das limitações impostas, sua determinação em dominar o uso do computador e explorar suas funcionalidades é extraordinária.

Acompanhar sua jornada de aprendizado e autodescoberta foi uma experiência verdadeiramente incrível. Ela não só aprendeu a navegar habilmente pelo universo digital, mas também enfrentou com bravura tarefas complexas e desafiadoras, inclusive dando uma forcinha para meu avô Belmiro, que nem sempre tem facilidade no trato com os equipamentos tecnológicos. Sua dedicação e habilidade em lidar com a tecnologia são testemunhos vivos de sua força interior e perseverança inabalável.

O que mais me inspira é como a Andréia transformou o computador em uma ferramenta de empoderamento, não apenas para se comunicar e se expressar, mas também para expandir seus horizontes e conectar-se com o mundo. Sua capacidade de superar obstáculos e alcançar conquistas significativas é um exemplo notável. Minha admiração pela Andréia cresce a cada dia, na medida em que tenho a oportunidade de testemunhar suas realizações e sua atitude positiva diante da vida. Sua história é um lembrete poderoso de que a determinação e a sede de aprendizado têm o poder de nos impulsionar na superação de qualquer desafio, por mais difícil que seja. Ela é um farol de inspiração não apenas para nossa família, mas para todos aqueles que têm o privilégio de conhecê-la e de aprender com sua notável jornada de superação.

3.3 CRISTIANO RAFAEL MEINE – Irmão (imagem 18)

Uma das lembranças que tenho da minha infância com a Andreia (Téia) é na pista de atletismo da Escola de Ivoti onde nós estudávamos. Eu deveria ter entre 4 e 5 anos, e ela entre 14 e 15. Eu brincava nas arquibancadas da pista e, após encerrar o seu treino, eu a desafiei para uma corrida. Nos posicionamos nos blocos de madeira e, no "3, 2, 1 já", seria dada a largada. Lembro que, quando levantei a cabeça, ela estava muito à frente. Talvez eu esperasse mais uma corrida normal em que ela aliviaria, e nós disputaríamos vagarosamente por alguns metros. Mas o motivo de eu lembrar especificamente aquele dia é porque ela decidiu dar uma amostra daquilo que ela era capaz, e disparou, de maneira surpreendente, despertando minha admiração.

Outra lembrança marcante, de anos mais tarde, foi quando atendi a uma ligação telefônica. Era a Téia. Queria saber quem estava por perto, rindo de nervosa e pedindo segredo, disse que queria me contar algo. Estava grávida de seu primeiro filho, o Arthur. Muito feliz.

Alguns anos depois atendo outra ligação e logo percebo que a Téia estava novamente um pouco nervosa e rindo. Dessa vez imaginei o que ela queria me dizer, mas aguardei a confirmação. Estava grávida novamente. Fiquei novamente muito emocionado. Nasceria o seu segundo filho, o Guilherme.

A notícia de que a minha irmã, a Téia, teve um AVC e que teria sequelas possivelmente graves me trouxe a sensação de ter um nó na garganta. Não saber exatamente quais seriam as sequelas....

Nos primeiros dias em que a Téia estava na UTI, entendemos que sua consciência estava preservada. Mesmo com alguma sedação, conectada em diversos monitores e entubada, durante as visitas ela demonstrava de alguma forma que sabia que estávamos ali. Tive a certeza disso na primeira visita que fiz à UTI. Me aproximei da cama tentando não tocar nos equipamentos. Ela estava dormindo. Chamei-a pelo nome, e ela virou levemente o pescoço, procurando me enxergar. Ela ainda não conseguia prender o foco em algum ponto fixo, e os olhos ficavam sempre em movimento. Ao comentar algo sobre os seus filhos, notei que verteram algumas lágrimas.

Com o passar dos meses, fomos comemorando cada pequena boa notícia e também entendendo que algum tipo de adaptação seria necessário dali em diante. Nas semanas seguintes, após o retorno da Téia para sua casa, vimos uma chamada na TV para uma reportagem sobre um software gratuito que permitiria o uso de computadores apenas com os movimentos da cabeça e dos olhos por meio de uma câmera comum. Após a reportagem encontrei o software e fiz a instalação no meu PC pessoal. Eu queria primeiro testar eu mesmo e entender se o programa realmente permitiria que a Téia usasse o PC sem gerar muita expectativa. Essa possibilidade deixou a Téia bem ansiosa, pois traria alguma independência no conteúdo que ela poderia acessar.

Depois de alguns dias de teste, entendi como o software funcionava e constatei que realmente era possível realizar os comandos sem contato no mouse ou no teclado do computador.

Então fomos para o segundo passo: instalar o software no PC da Téia e fazer alguns testes com ela. No dia da instalação colocamos o PC em uma tábua apoiada em duas cadeiras de maneira que o PC ficasse na altura do rosto dela. Expliquei pra Téia que o uso era um pouco difícil, pois os movimentos teriam que ser bem definidos e inicialmente lentos. Em alguns minutos a Téia tinha entendido e estava adaptada à sensibilidade dos comandos. E em mais alguns minutos ela estava navegando sozinha na internet. Ainda no mesmo dia, após lembrar as senhas, conseguiu acessar redes sociais seis meses após o último acesso e pôde retomar seus contatos de forma independente.

Ainda hoje a Téia utiliza o mesmo software para comandar o PC, para se atualizar, ver os vídeos preferidos, se distrair com algum jogo, desenhar, fazer compras e mais recentemente se comunicar via e-mail e via WhatsApp.

Sempre que vejo o "Oi" dela, fico muito emocionado, porque sei que ela está se comunicando comigo, com os demais familiares, com seus amigos e com o mundo.

O importante é que ela escreveu todo o seu livro exclusivamente operando esse programa de forma muito competente, sem qualquer ajuda. Não consigo imaginar como seria tudo isso sem que ela pudesse dispor desse programa de computador. Muitos não conseguem nem imaginar isso. Às vezes não conseguem acreditar. E fica a contribuição que a tecnologia pode dar para muitos setores da vida, também na comunicação com o mundo de uma pessoa de imobilidade muito reduzida, sem o movimento dos braços e dos dedos para realizar o movimento da digitação. Basta que tenha acesso a ela e seja devidamente orientada e apoiada.

3.4 DALIA MACHADO – Cuidadora e amiga (imagem 19)

Conheço a Andreia há mais de 30 anos. Nossa amizade começou quando ela e o Adolfo trouxeram o material para construir no terreno ao lado da nossa casa, e nós guardamos aqui as coisas mais miúdas.

Quando as crianças nasceram, eu ajudei a Andreia a cuidar dos meninos enquanto ela e o Adolfo trabalhavam. Vi o Arthur e o Guilherme crescerem!

Depois que aconteceu o AVC, passei a cuidar dela em casa, e isso já faz mais de 14 anos. Sou a cuidadora número 1, e tenho muito orgulho disso.

Passamos muitos "perrengues" juntas, pois ela teve que aprender tudo de novo, e eu tive que aprender a cuidar dela. Ela era o meu bebê grande.

Na hora das refeições tivemos vários sustos, já que ela se engasgava facilmente com o alimento e com a água. Aos poucos e com o auxílio da "fono", todos fomos aprendendo como lidar com ela da forma mais correta para evitar esse tipo de problema.

Durante todo esse tempo choramos muito juntas, mas também demos muita risada. Só de nos olharmos uma já sabe o que a outra está pensando e do nada caímos na gargalhada. Quem está ao lado às vezes não entende nada.

Certa vez passamos uma semana na casa da praia. Só a Andreia, meu esposo Chico e eu. Passeamos pelo centrinho e íamos para a beira da praia olhar os "corpitchos". Foram dias de muita risada e distração.

Com a pandemia, ela foi passar alguns dias em Ivoti na casa dos pais, e continua lá até hoje. Mas nem por isso nos afastamos, já que no mínimo uma vez por semana ela vem fazer fisioterapia em São Leopoldo, e aproveitamos para dar "uma geral". A casa dela ficou aos meus cuidados, assim como os seus cachorros, que ela ama muito.

Quero destacar o cuidado e o desprendimento que o seu Belmiro tem com a Andreia, pois não mede esforços para a deixar confortável e feliz. É muito bonito de se ver!

3.5. ELAINE BEATRIZ SANTOS – Cuidadora e amiga (imagem 20)

Meu nome é Elaine. Conheci a Andreia no ano de 2012, quando fui convidada a auxiliá-la em suas necessidades.

Andreia, durante os anos que passamos juntas, você me ensinou muito. Aprendi com você, que me parecia tão frágil, a ser forte e determinada e a não desistir.

Amiga e parceira, nós nos tornamos confidentes uma da outra. Víamos filmes durante a madrugada. Muitas risadas!

Sinto saudade daquele tempo.

Só posso agradecer a Deus pelo tempo que passamos juntas.

Você me ensinou muito.

Gratidão por tudo!

Continue assim.... com essa força.... adoro você!

3.6 GUILHERME MEINE DREYER – Filho (imagem 21)

Quando minha mãe sofreu um AVC, eu era apenas uma criança pequena, com menos de 4 anos de idade. Não consigo recordar muitos detalhes daquele período. A única coisa que me lembro é que me disseram que ela estava muito doente e que precisaria permanecer no hospital por um longo tempo. Inicialmente não pudemos visitá-la no hospital devido à presença de pacientes com uma grave gripe que estava causando muitas mortes.

Fomos obrigados a mudar de escola porque minha mãe não conseguia mais nos levar à nossa escola anterior, e meu pai estava ocupado cuidando dela. Assim, a "Koda" Lovani nos levou para a escola da Feevale, onde estudamos até o final do ano. No ano seguinte, nos matriculamos no Colégio Divino Mestre, onde meu pai era diretor.

Nos fins de semana, meus padrinhos Loreane e Régis costumavam nos levar para Ivoti com frequência, e lá explorávamos diferentes lugares e brincávamos com bolas em locais dos quais gostávamos.

Lembro-me claramente de ter sido escolhido como o representante da turma para falar na cerimônia de formatura da pré--escola. Minha mãe estava presente e ficou muito emocionada com as palavras que compartilhei. Fui escolhido porque era o único aluno da turma que já sabia ler. Naquele dia, após minha apresentação, entreguei uma rosa pra ela, que, emocionada, agradeceu profundamente.

Durante todo o período do ensino fundamental, minha mãe sempre comparecia às festas e eventos escolares, sempre acompanhada por meu avô. Ela também ia aos jogos de futebol do meu time, no Novo Hamburgo, apoiando-me, pois eu expressava o desejo de me tornar um bom jogador de futebol.

Uma das memórias mais vívidas e emocionantes que guardo com carinho envolve um memorável clássico Grenal, em uma tarde quente em que minha mãe e eu fomos assistir ao jogo entre Grêmio e Internacional. Foi um dia repleto de emoções e risadas. Após o jogo, nós nos perdemos a caminho do estacionamento, mas, após conversar com alguns seguranças da Arena, finalmente encontramos o caminho certo, onde meu avô pacientemente nos esperava.

Minha mãe sempre foi muito carinhosa e atenciosa comigo e com meu irmão Arthur, e nós também somos atenciosos com ela. Quando eu era pequeno e ela voltou para casa após o período no hospital, eu adorava me enfiar debaixo das cobertas com ela. Era algo muito gostoso e acolhedor.

Eu sentia falta da mãe que pudesse caminhar, correr e realizar outras atividades típicas da infância ao meu lado. Mas, com o tempo, entendi que minha mãe era especial de outras maneiras.

Agora, aos 18 anos, consigo compreender melhor tudo o que aconteceu com ela. Sobreviveu por um verdadeiro milagre, graças à competência dos profissionais de saúde que cuidaram dela.

Nos últimos anos, durante a pandemia de Covid-19, ela decidiu morar com meus avós Belmiro e Anelore em Ivoti, como medida de precaução para evitar o contágio com muitas pessoas que frequentavam sua casa em São Leopoldo. Essa decisão foi acertada, pois nem ela nem meus avós ficaram doentes. Eles cuidaram muito bem um do outro.

Como filho, sei que tenho a responsabilidade de cuidar dela no futuro, proporcionar a atenção que ela merece e garantir que tenha uma vida digna, apesar das limitações. Entendo que é nosso dever filial olhar com carinho para nossos pais e apoiá-los em suas necessidades.

Gosto muito de passar o tempo com ela, compartilhar nossas experiências e segredos. A cada duas semanas, meu irmão Arthur e eu a visitamos na casa dos avós para colocarmos as conversas em dia. Ela também aprecia muito nossa companhia. É uma sábia conselheira e nos auxilia em tudo aquilo que pode. Sempre que possível, damos um passeio no carro dela e aproveitamos para comer e beber algumas coisas diferentes. Minha mãe é uma verdadeira guerreira. Ela nos apoia em nossos sonhos e nos entende, além de nos ajudar financeiramente com uma mesada mensal. Além disso, escolhe roupas elegantes pela internet. Ela é uma incrível mãe!

3.7 LOREANE CRISTINE MEINE – Irmã (imagem 22)

O começo

Era julho de 2009, e eu estava prestes a sair de férias. Uma tarde, no trabalho, minha irmã Andréia (Téia) me chama no MSN e fala que está com uma dor de cabeça muito forte, que já havia procurado atendimento médico, mas não sabem o que ela tem.

Conversamos um pouco, falo para ela se cuidar e continuo o meu trabalho. No final daquela semana, ela é internada, desmaiou no chuveiro e está surda. No hospital, fazem exames e não descobrem nada de errado. O médico pede um exame mais sofisticado, mas o plano de saúde demora a autorizar o procedimento. Somente na segunda-feira. Minha irmã fica internada em observação. Na segunda, como já estou de férias, vou ao hospital com meu marido para uma visita. Vamos até o quarto, e nada da minha irmã nem do meu cunhado. As enfermeiras não sabem de nada. Até que aparece alguém que diz que levaram a Téia para uma ressonância de emergência, pois ela tinha tido uma convulsão. Olho para um canto e reconheço as botas dela. É o quarto certo.

Vamos até o local onde fazem as ressonâncias e lá encontramos meu cunhado chorando. Ele confirma que minha irmã teve uma convulsão ou algo do gênero e que está fazendo o exame naquele momento. Esperamos e, depois de algum tempo, nos chamam para acompanhar a Téia até o quarto. Ela está dormindo, e percorremos um longo caminho pelos corredores do hospital até o quarto.

No quarto, informam que ela deve acordar em breve, mas percebo que está muito estranha: a respiração é muito forte, quase um ronco, e os olhos estão abertos, mas as pupilas se movimentam de forma descoordenada, e somente até a metade do olho. O médico chama meu cunhado e a essas alturas meu pai e minha irmã Mônica (Môni) estão vindo para o hospital, pois já sabem que alguma coisa está errada.

Esperamos a Môni chegar e então voltamos para casa, em Ivoti. Mais tarde naquela noite meu pai liga e diz que a situação se agravou e que a Téia está sendo transferida para a UTI. Teve um grave AVC! Como? Para tudo! Uma mulher com 36 anos de idade, saudável, sem histórico de pressão alta, diabetes, colesterol e outras doenças pode sofrer um AVC? Isso não pode estar acontecendo! Não com minha irmã!!!

E agora? O que vai acontecer? Vai sobreviver? Vai haver sequelas? E os filhos? Gui prestes a completar 4 anos, e o Arthur com quase 6...

No dia seguinte meu pai estava muito estranho. Perguntávamos para ele o que o médico havia dito, mas ele desconversava, dizia que era preciso esperar. Não sabíamos que um coágulo havia obstruído o fluxo sanguíneo no tronco cerebral e que havia uma lesão muito grande, nem sabíamos que o médico havia decidido por um procedimento que afinava o sangue e que isso poderia causar hemorragias fatais. Só nos restava aguardar para ver como a Téia iria reagir.

UTI

Era época da gripe H1N1, e as visitas eram restritas. Havia um horário no final da manhã e outro à noite. Nós nos reuníamos na sala de espera e nos revezávamos para ver minha irmã.

Lembro que, na primeira vez que entrei no corredor da UTI, vi vários quartos com placas de isolamento. Senti medo. Ao chegar perto da minha irmã, vi que ela estava toda cheia de aparelhos, intubada e aparentemente dormindo. Mas abriu os olhos e começou a chorar muito; parecia querer me dizer alguma coisa. Eu não sabia o que fazer. Chorei também. Prometi cuidar dos meninos e saí da UTI aos prantos. Eu, que tinha entrado num hospital apenas três vezes na minha vida (quando nasci, quando tinha um ano e pouco de idade e levei três pontos na testa e quando meu filho nasceu), fiquei muito chocada com aquele ambiente da UTI. E assim se passaram 30 dias. Aos poucos a Téia foi reagindo, mas não tinha quase nada de movimentos, não respirava sozinha e se alimentava por meio de uma sonda nasal. Felizmente sua memória e sua consciência foram preservadas.

Como eu estava de férias, meu marido e eu ficamos com os meninos nas primeiras semanas após o AVC da minha irmã, enquanto meu cunhado ficava no hospital. Levávamos o Arthur e o Gui na pracinha, jogávamos bola, fazíamos "lutinhas" e brincávamos de heróis, de manhã cedo na cama. Os meninos sabiam que a mãe deles estava muito doente e esperavam ansiosos pelo dia em que poderiam ir visitar a mãe no hospital.

Hospital

Os três meses seguintes foram de noites e finais de semana no hospital. Meu pai organizava uma escala semanal, e a gente se revezava como acompanhante dela.

Quando não estava escalada para ficar no hospital, os meninos ficavam conosco em Ivoti.

Foram meses difíceis, a Téia chorava muito e muitas vezes eu não sabia o que dizer para aliviar todo aquele sofrimento, só conseguia chorar com ela. Acho que ali a ficha foi caindo para ela; percebeu que nada mais seria como antes. Estar consciente, sem poder falar nem se mexer deve ser assustador!

No hospital ocorreram também muitos episódios engraçados: a festa de aniversário, em outubro, com cerca de 20 pessoas comendo bolo e cantando parabéns, os meninos, que brincavam de esconder no quarto e corriam e gritavam pelos corredores da Ala dos Girassóis. Tentávamos animar minha irmã para que ela se restabelecesse e pudesse sair do hospital, que era um ambiente perigoso para ela por causa das infecções.

E ela teve várias dessas infecções. Precisou de muito antibiótico para combatê-las.

A casa dela estava sendo adaptada. Era um chalé, e não seria possível deslocar a cadeira de rodas pelos cômodos. Foi construído um quarto maior com banheiro adaptado para que minha irmã pudesse voltar para casa. O médico que acompanhava o caso sugeria fortemente que ela saísse do hospital o quanto antes, mas as adaptações em casa não estavam prontas. Então ficou decidido que a Téia iria para o Lar Moriá, onde teria o acompanhamento necessário, até poder ir para casa.

Na manhã da alta, muita emoção, as enfermeiras e atendentes se despedindo e lá fomos nós, Téia, meu cunhado e eu para a nova moradia, sem antes dar uma passadinha em frente da casa para que ela pudesse dar uma olhadinha de longe... muito choro e emoção!!! Imagino o que devia estar passando pela sua cabeça, depois de quatro meses de internação no hospital.

Lar Moriá

Nova etapa, agora no Lar Moriá, com uma rotina bastante parecida com a do hospital. Eu continuei como acompanhante noturna e agora havia uma cama para o(a) acompanhante, ao invés do sofá apertado do hospital. As "fisios" e "fonos" foram mantidas e pude acompanhar progressos da Téia nessas áreas durante esse período. A fono estava trabalhando a deglutição, e um dos exercícios preferidos da minha irmã era com picolé de limão. Ela precisava reaprender a engolir, para que a sonda nasogástrica, por onde se alimentava, pudesse ser retirada. Nessa época lembro também de os meninos vindo visitar a mãe e trazendo alegria e bagunça para aquele lar, onde a maioria dos residentes eram pessoas idosas. Acredito que essas visitas dos filhos foram fundamentais para que ela tivesse forças para encarar toda aquela situação e lutar para se recuperar.

Finalmente em casa! E agora?

Um pouco antes do Natal, após quase seis meses, finalmente o retorno para casa! Agora era preciso toda uma nova logística para que a Téia pudesse viver com dignidade, acompanhada pela família e por pessoas que pudessem ajudá-la em suas necessidades e na sua recuperação. Era o começo de uma nova vida ou um recomeço para ela, que teve uma nova chance de viver.

Uma pessoa que sofre um AVC grave, como o da minha irmã, precisa reaprender tudo: abrir e fechar os olhos, engolir, respirar, são alguns exemplos básicos.

É o nosso cérebro que comanda tudo isso automaticamente e nem nos damos conta. Quando uma parte do cérebro fica comprometida, outras partes precisam aprender a executar esses movimentos e isso exige um grande esforço.

Mas como entender tudo isso, aceitar e lidar positivamente com essa nova vida?

Acredito que a Téia, a partir da sua história, nos mostra que é preciso e é possível, apesar de tudo, ter um novo olhar sobre a vida. Essa nova chance de viver trouxe à tona o que realmente importa: o amor pelos filhos, o amor dos filhos, a vontade de viver e a família. Cabe à família apoiar e entender como a pessoa que sofreu um AVC gostaria de ser tratada, como pode ocupar seu tempo, além de proporcionar os cuidados essenciais.

Meu pai, Belmiro, foi fundamental neste processo de apoio à minha irmã, brigando pelos direitos dela e apoiando-a de todas as formas para que tivesse forças para dar sentido à sua vida e enfrentar os desafios da reabilitação. Sou muito grata a ele por ter assumido esse papel e continuar até hoje como cuidador e ser a pessoa que melhor conhece a Téia.

Ouvimos muitas histórias de superação, mas participar de uma delas me faz pensar em como a vida pode mudar em segundos. O que pensamos controlar, num piscar de olhos, pode desaparecer. Acredito haver algum propósito nisso tudo. Admiro demais minha irmã Andréia pela sua coragem, pelas suas conquistas, por menores que sejam, por não se entregar, por seguir firme e por assumir o controle de sua vida. Enfim, por ser a protagonista da sua nova história.

3.8 LOVANI VOLMER – Amiga (imagem 23)

Era inverno...

Os planos de passeio com as crianças naquele sábado foram interrompidos, pois a Andreia passara mal... Buscamos o Arthur e o Gui e passamos a tarde procurando amenizar a decepção pelo passeio que não aconteceu: fizemos cabaninha, lutinhas, brincamos de pega-pega, comemos bolo e tomamos chá...

Durante a semana, foram dias de ida e volta ao plantão... O diagnóstico era de estresse e nós viajamos tranquilos para a casa dos meus pais... Voltaríamos na semana seguinte, mas no domingo fomos avisados de que a Andreia tivera um AVC.

Voamos para São Leopoldo e, antes mesmo de anoitecer, estávamos no hospital... Entre muitas dúvidas e incertezas, nenhuma resposta, apenas a informação de que a situação era gravíssima... Recebi, em mãos, os teus anéis...

Os minutos pareciam horas... As horas, dias... Em meio ao caos, era preciso manter a sanidade: como ficariam o Arthur e o Guilherme era a maior preocupação... Sim, PROMETI para a Téia que eles ficariam bem...

Daquele dia em diante, nossa casa passou a ser também a casa do Arthur e do Guilherme...

Júlia, Bethania, Arthur e Guilherme passaram a ser o quarteto fantástico. Os meninos passaram a frequentar a mesma escola das meninas, pois, além de facilitar a logística, era perto de onde a mamãe estava. O esforço era manter a presença na ausência...

Quando as visitas à Andreia passaram a ser possíveis, eu ia todos os dias ao hospital. Era no intervalo do meio-dia... Levava gravações dos meninos e colocava para a Teia escutar... Fazia um diário do que eles faziam, do que estavam aprendendo, da falta que ela fazia... De igual modo, trazia recados imaginários da mamãe... Por vezes, íamos almoçar, as crianças e eu, em uma lanchonete de onde se via a janela do quarto do hospital e nós enviávamos nossos recados, do nosso jeito... As crianças escreviam cartinhas, e eu era a mensageira...

Com o tempo, foram possíveis visitas no quarto... Lá íamos nós... Almoçávamos correndo para ir dar um "oi"... O corredor do hospital era uma pista de corridas, pois cada um queria chegar primeiro... As visitas eram rápidas, pois logo tinha aula de novo...

Essa foi nossa rotina durante a primavera...

Naquele ano, a Andreia só voltou para casa quando já era quase verão... Os fortes ventos que haviam levado consigo as folhas agora estavam mais amenos.,. As árvores, que pareciam secas, haviam brotado... As flores trouxeram consigo as borboletas...

3.9 MAURO ANDRÉ MEINE – Irmão (imagem 24)

Existem momentos na vida que não esquecemos nunca... Ficam gravados na nossa memória de um jeito diferente...

O dia 27/7/2009 foi um desses dias nas nossas vidas! A ligação telefônica, as horas seguintes, até o momento em que consegui ver a Andreia no hospital é um desses momentos da minha vida!

Recém-formado em Medicina, no plantão em um hospital no Rio de Janeiro, foi quando recebi a notícia de que a Andreia não estava se sentindo bem e que havia parado de escutar! Foi essa a primeira informação que recebi. Lembro que falei com o chefe do plantão sobre isso e, como estava muito cheio o hospital, contei para ele o que estava acontecendo e continuei a trabalhar. Pouco tempo depois ele me procurou e falou que seria importante que eu fosse a Porto Alegre para ver de perto o que estava acontecendo. Foi nesse momento que comecei a entender que algo mais grave estava em curso.

Quando cheguei ao Hospital Regina, em Novo Hamburgo, fui diretamente ao CTI e, como sou médico, pude entrar para ver o que estava acontecendo!

Entrei, expliquei que era irmão da paciente Andreia Meine, li os prontuários e fui até o leito em que ela estava.

Não é nada fácil ser médico, irmão, filho, cunhado, amigo... num momento desses!

Eu sabia que era algo muito grave, e precisava passar essa informação para a família e para os amigos, mas não podia ao mesmo tempo tirar as esperanças.

Eu lembrava muito de uma frase que um professor meu havia me dito: "Nós, como médicos, devemos sempre falar a verdade, mas nunca temos o direito de tirar as esperanças de vida de qualquer paciente".

Momentos como estes mudam muito nosso jeito de pensar, nossas atitudes, nossa sensibilidade... Depois de tudo o que a Andreia passou, todos os obstáculos que ela superou e supera todos os dias, não há como não termos uma nova percepção da vida, daquilo que realmente é ou não é importante!

Tenho muito orgulho da trajetória de vida da minha irmã, que sempre foi um exemplo para mim! Das três irmãs, ela é a com a idade mais próxima à minha! Ela sempre foi tranquila, persistente nos seus objetivos e constante nas suas atitudes!

Depois do AVC, não foi diferente! Ela foi persistente... Cada dia conseguia algo extraordinário, sempre uma vitória! E até hoje é assim... Com sua calma e perseverança, dá para ver nos olhos azuis, lindos, o brilho da felicidade e do amor que ela tem por tudo aquilo que está conquistando!

Não deixou em momento algum de cuidar de si, da saúde, cuidar dos dois filhos, lutar por tudo o que acredita na educação e manter firme sua opinião e suas ideias do que sabe que é correto e justo!

A tecnologia foi crucial nesse momento onde havia dificuldade de conseguir se expressar! Mas o mais importante foi a vontade de se comunicar... E isso nunca deixou de acontecer! Primeiro, letra por letra, depois a vocalização, que veio após inúmeras horas de fonoaudiologia, as mensagens e textos que ela começou a escrever no programa de computador que ela aprendeu a utilizar de uma forma muito rápida! Tudo com a calma, a persistência e a constância que ela sempre teve, mesmo antes do AVC!

E não foi somente a Andreia que aprendeu e aprende com tudo isso! Todos à sua volta mudaram... com certeza para melhor!

Percebi que quando algo realmente grave acontece, a força que surge em nós é inexplicável! Aprendemos que tudo na vida tem um caminho para melhorar! O desespero só atrapalha, pois, com o passar do tempo, as coisas vão se ajeitando, vamos nos adaptando e o que um dia foi desespero, logo em seguida se torna mais leve!

Percebi que o amor, o cuidado e o carinho são remédio! Acalentam no momento de desespero, e ajudam a sarar as feridas físicas e emocionais!

Vi meus pais, seus irmãos, seus filhos e seus amigos se adaptarem também, junto com a Andréia, de uma forma natural! A vida foi seguindo seu rumo e a felicidade voltou a tomar conta de tudo!

3.10 MIRNA PETRY – Amiga (imagem 25)

Em primeiro lugar, preciso escrever que sou uma pessoa de muita sorte. Desde pequena tenho a felicidade de conviver com essa pessoa incrível que é a Andréia Regina Meine. Muitas vezes, entre nós, comentamos que nos conhecemos desde sempre.

Realmente não me lembro do dia em que nos vimos pela primeira vez, provavelmente quando ainda éramos bebês.

Minha amiga querida, minha melhor amiga!

Sou abençoada, pois nem todos têm a felicidade de poder contar com uma melhor amiga. Aquela para a qual você pode contar qualquer coisa, chorar no ombro e rir de montão por coisas que, muitas vezes, nem precisamos falar. Só na troca de olhares já se entende.

A Téia, assim como a chamo, é uma pessoa que me inspira todos os dias. Ela é forte, corajosa, inteligente e, acima de tudo, muito de bem com a vida. Sempre que converso com ela, fico impressionada com a força que minha amiga tem. Quando falamos e preciso me queixar de alguma coisa que aconteceu em minha vida, acabo pensando que sou muito ingrata, pois a Téia poderia ter tantas coisas para reclamar e ficar desanimada, mas nunca a vejo fazendo isso. Ela está sempre de bem com a vida e sorrindo.

Adoro conversar com ela, pois vejo que, mesmo com todas as dificuldades que o AVC trouxe, ela continua sendo a mesma pessoa. Tudo naquela cabecinha está igual como sempre foi.

Quando estamos juntas, adoramos conversar sobre antigamente. Temos inúmeras histórias. Até certa idade, moramos muito perto uma da outra e isso acabava facilitando as minhas visitas à casa dela. Imagino que a família não gostasse muito de me ver todos os dias, mas eu precisava brincar com ela e nada podia me impedir.

Quando nos tornamos mocinhas, nossas idas à cozinha da Escola Evangélica Ivoti, agora Instituto Ivoti, eram praticamente diárias, pois precisávamos buscar leite (sempre no mesmo horário). Isso, claro, nos ajudava em algumas outras coisinhas também. Gostávamos muito de sentar na praça da escola e ver o movimento dos estudantes.

Anos depois, a família Meine foi morar em São Leopoldo. Aí perdemos um pouco o contato, pois eu continuei em Ivoti. Mas, mesmo assim, de vez em quando falávamos por telefone. Naquela época, me senti um pouco órfã, pois não sabia bem o que fazer sem minha amiga por perto.

A Téia é aquela pessoa que me ouve e me conhece muito bem. Temos tantas histórias em comum que poderíamos escrever um livro somente das nossas aventuras.

Agradeço a Deus por permitir que eu tenha essa amiga tão querida comigo. Ela, com certeza, é um exemplo a ser seguido. Um exemplo de fé, força e perseverança.

3.11 MÔNICA BEATRIS MEINE – Irmã (imagem 26)

O dia era 27 de julho de 2009, e tudo parecia estar em seu lugar. Era segunda-feira. Eu estava de férias, e fazia um frio de rachar. Bom pra ficar em casa. Só tinha um detalhe que estava me incomodando: minha irmã Andreia estava no hospital desde sábado porque não tinha se sentido bem, e iria fazer uma ressonância naquele dia pra ver o que estava acontecendo. Mas tudo bem, era só um exame.

Lembro que depois do almoço liguei para a minha outra irmã, a Loreane, para saber como estavam as coisas por lá. O tom de voz dela me assustou: "Ela está fazendo o exame e parece que teve um AVC. Ela não está bem."

Como assim teve um AVC? No hospital? Confesso que eu nem sabia direito o que era um AVC.

Peguei o carro e fui para o hospital para tentar entender e ver no que poderia ajudar. Chegando lá, me deixaram entrar no quarto dela. Nunca vou me esquecer daquela cena. Ela estava deitada de lado, o quarto meio escuro e eu só ouvia a força que ela estava fazendo para tentar respirar. Do resto não me lembro direito... se uma das enfermeiras entrou comigo, ou se entrou por acaso. Acho que não fui eu que a chamei. Mas minutos depois decidiram que a Téia teria que ir para a UTI imediatamente para ser entubada. Acho que meu ex-cunhado estava lá no hospital naquela hora também. Realmente não lembro bem como as coisas aconteceram. Eu lembro que eu tremia muito. E não era de frio.

O que aconteceu depois disso ela já contou no seu relatório com as palavras dela. UTI, dias em coma induzido e acordou sem conseguir se mexer nem falar. Eu a visitava todos os dias no horário do meio-dia, pois trabalhava em Novo Hamburgo, e era quem estava mais próxima do hospital.

Quando ela acordou do coma, percebemos o que tinha acontecido. Em meio ao choque, ao medo e à vontade de fazer alguma coisa, tentei achar na internet alguma coisa sobre o assunto. Encontrei um filme sobre um homem que também tinha tido um AVC que o deixou nas mesmas condições em que estava a Téia: sem se mexer nem falar... só mexia e piscava o olho esquerdo (ela mexia e piscava os dois olhos). Ele escreveu um livro. *O escafandro e a borboleta* é o título do livro, que depois foi transformado em filme. Falei para a minha família que iria assistir ao filme. Queria achar um jeito de nos comunicarmos com ela. Lembro que alguém disse para eu não assistir naquele momento... seria triste demais... eu iria chorar muito... não me faria bem. Peguei o filme na locadora, fui para casa com o filme e uma caixa de lenços.

Assisti a todo o filme. Maravilhada! Não caiu nenhuma lágrima. Eu tinha encontrado um jeito de me comunicar com ela!

Copiando a ideia do filme, escrevi as letras do alfabeto em um pedaço de papelão, mas troquei a ordem delas. Coloquei as vogais na frente, depois as letras que imaginei mais usadas e depois aquelas que quase não são usadas. Fiz o mesmo do outro lado do papelão, pra ela enxergar também. Ficou mais ou menos assim... talvez não bem nessa ordem, mas algo parecido.

A E I O U P C Q
R S T L B F G H
D J M N V X Z

Cheguei na UTI animadíssima com a minha tabela de letras e expliquei a ela como isso funcionaria. Quando ela quisesse falar, piscaria várias vezes seguidas. Eu falaria letra por letra seguindo a ordem da tabela, mostrando o outro lado para ela ver também. Quando chegasse na letra certa, ela piscaria. E assim até formar a palavra. Mas era muito difícil e cansativo para ela. Manter o foco nas letras e manter os olhos abertos sem piscar entre as letras, isso no início era impossível. Tentamos durante algumas das curtas visitas na UTI, mas eu percebi que aquilo a deixava ansiosa porque não estava dando certo. Ok, vamos esperar e tentar de novo mais pra frente.

Dias depois, já instalada no quarto, continuamos o treinamento. E num belo dia, finalmente conseguimos formar a primeira palavra completa: O B R I G A D A.

3.12 ROBERTA INES BRAGA SANGALLI – Fisioterapeuta e amiga (imagem 27)

Quando fui convidada para fazer um depoimento para o livro da minha querida paciente e amiga Andreia Regina Meine, fiquei muito feliz e honrada, pois ela é uma das pessoas que mais admiro e que tenho como exemplo de superação. É uma oportunidade para contar um pouco da sua linda e inspiradora trajetória e do meu comprometimento com o seu tratamento nesses 14 anos que sou sua fisioterapeuta.

Lembro-me do dia em que fui chamada por um familiar para fazer uma avaliação em uma paciente jovem de 36 anos que havia sofrido um Acidente Vascular Encefálico de tronco encefálico. Nesse período eu estava grávida de três meses do meu filho, que hoje tem 13 anos.

Por ser um AVE de Tronco Encefálico isquêmico se previa a gravidade e as sequelas motoras que ocorreriam.

Depois do primeiro contato, marcamos a avaliação para o momento em que a paciente tivesse alta hospitalar. Após a alta, realizei a Avaliação Fisioterapêutica no Lar Moriá, onde a Andréia ficou internada até que sua casa estivesse adaptada para recebê-la. Naquele dia, ao mesmo tempo que cheguei ao Lar para fazer a avaliação, chegou seu ex-marido com seus dois filhos, Arthur e Guilherme; meninos felizes correndo pelo pátio para ver a mãe que estava internada no Lar. Este dia me marcou muito, fiquei muito emocionada em ver os dois meninos pequenos e pensei como teria sido difícil para ela ter ficado aquele importante período internada no hospital, longe dos seus filhos.

Quando cheguei no quarto, a Andréia me recebeu com um sorriso no rosto, por mais que estivesse acamada e ainda em adaptação da nova condição motora de tetraplegia. Neste momento percebi que realmente se tratava de uma pessoa muito especial e que teria muito a me ensinar.

Realizei a avaliação e orientei-a e os membros da família que estavam presentes: pai, irmã, filhos e ex-marido, explicando que seria um longo tempo de tratamento, mas que com muita dedicação e força de vontade dela teríamos evoluções motoras e adaptações a serem feitas.

Os primeiros atendimentos no Lar Moriá foram muito importantes para as primeiras adaptações à nova condição, principalmente em relação aos posicionamentos no leito e às trocas de posturas, que seriam fundamentais para um prognóstico de evolução motora e prevenção de deformidades. Apesar da comunicação verbal ser mais difícil no início, a Andreia sempre era muito comprometida e otimista com o tratamento, demonstrando que iríamos alcançar os nossos objetivos.

Após este período no Lar, a Andreia foi para a sua casa, onde continuamos com o tratamento fisioterapêutico diariamente. A Andréia sempre muito comprometida, com bom humor, demonstrando e me ensinando a ver sempre o lado bom de tudo o que acontecia. Tudo isso desde o início sempre me chamou muito a atenção, e eu utilizava os ensinamentos dela para ajudar outros pacientes que estavam passando pela mesma situação e até mesmo sendo exemplo para minha vida.

Como a Andreia apresentava uma tetraplegia, as trocas de posturas no início, como a passagem da cadeira para a cama, eram realizadas por meio do auxílio de um aparelho mecânico que a colocava no leito. Com o passar do tempo, o controle cefálico e de tronco foram melhorando, e o aparelho não foi mais necessário. A Andreia conseguia, com o auxílio das cuidadoras ou dos familiares, fazer as trocas ficando em pé.

Também chegou um momento que tive que encaminhar a Andreia para o atendimento com minha colega da área, pois estava nos últimos dois meses de gestação e precisava entrar em licença-maternidade. Fiquei por um período de cinco meses sem atendê-la, retornamos após os atendimentos.

Sempre orientei a Andreia, a família e as cuidadoras que os dois primeiros anos após o AVE seriam muito importantes para as aquisições motoras e prognóstico de reabilitação. Então o comprometimento e a dedicação de todos foram muito grandes.

Neste período todo de atendimento, em nenhum momento a Andreia se demonstrava desanimada ou desestimulada; sempre buscou por algo que pudesse ajudar no tratamento ou que pudesse auxiliar na realização das suas atividades de vida diária, como, por exemplo, o programa de computador que ela consegue utilizar com o movimento da cabeça e a eletroestimulação transcraniana realizada em Porto Alegre, com a qual houve uma melhora no tônus muscular, ou seja, na espasticidade, assim como no controle motor, especialmente nos movimentos de extensão de cotovelos e de membros inferiores. Para tanto, ela sempre teve o apoio incondicional de seus familiares, como dos pais, irmãos e filhos, que sempre estiveram ao seu lado dando força e estímulos para que continuasse a buscar a evolução que tanto almejava.

Foram muitos anos de atendimentos, inicialmente cinco vezes na semana, depois três vezes na semana e hoje um atendimento semanal, pois na pandemia a Andréia foi morar com seus pais em Ivoti e continua até hoje morando nessa cidade. Ela se desloca para São Leopoldo uma vez na semana para realizarmos o atendimento.

No início do tratamento a Andréia realizava com mais dificuldades todas as atividades propostas, como, por exemplo, permanecer em pé sem realizar a marcha. Mais tarde, com muito esforço e comprometimento, conseguimos realizar a marcha de uma forma ativa-assistiva. A Andréia também realizou vários procedimentos cirúrgicos para a retirada dos cálculos renais que faziam com que tivéssemos que pausar o tratamento por um período, mas logo em seguida a Andreia retornava e, com a mesma determinação de sempre, logo já estava realizando todas as atividades como as que fazíamos anteriormente às cirurgias.

A Andreia e eu construímos, além da relação de paciente-fisioterapeuta, também uma relação de amizade, respeito e cumplicidade. Temos opiniões distintas, mas muitas em comum sobre os mais diversos assuntos.

Tenho muito orgulho de fazer parte da trajetória de vida da Andreia e, como já falei no início do depoimento, a Andreia é meu maior exemplo de superação e determinação, pois por maiores que sejam as adversidades que a vida lhe apresenta, ela sempre nos mostra que tudo vale muito a pena e que, como ela mesma diz, a felicidade está no caminho.

BLOCO IV

ADENDOS

4.1 HeadMouse e teclado virtual

Hoje existe uma gama de soluções tecnológicas que auxilia os internautas a navegarem pela rede, entre elas estão o HeadMouse e o Teclado Virtual.

O HeadMouse é uma tecnologia voltada para pessoas com mobilidade reduzida que estabelece um acesso facilitado a atividades corriqueiras em seu computador pessoal. Ao ser instalado, o usuário passa a controlar o cursor do mouse por meio dos movimentos da cabeça e das expressões faciais. É simples de ser instalado e não necessita de nenhum tipo de ajuda para acessar as configurações. Por ser diretamente conectado ao reconhecimento facial, ele funciona apenas por meio da webcam.

A câmera deve estar centralizada para que capture com exatidão o formato de seu rosto e suas expressões faciais. Durante a calibração, o programa necessita que você abra e feche os olhos algumas vezes, olhe para os lados, sorria e levante as sobrancelhas. O programa auxiliará você nesta etapa.

O Teclado Virtual, por sua vez, também é uma tecnologia preocupada com o fácil acesso dos internautas. Ele funciona da mesma forma que o teclado tradicional, porém na tela do seu desktop. Em conjunto com o HeadMouse, o usuário usa o cursor para digitar seus textos.

O software foi desenhado pelo Grupo de Robótica da Universidad de Lleida (UdL) sob a Cátedra de Pesquisa em Tecnologias Acessíveis Indra-Fundación Adecco, na Espanha.

Os dois programas estão disponíveis apenas para Windows. Clique abaixo e faça o download gratuito. Segue o link para baixar o programa e instalá-lo no computador:

https://www.unimedanhanguera.coop.br/headmouse-e-teclado-virtual.

O HeadMouse, junto com o VirtualKeyboard (teclado virtual), também desenvolvido na mesma Cátedra, já superou a cifra de 400.000 downloads procedentes de 95 países dos cinco continentes.

O sistema de votação eletrônica da Câmara dos Deputados no Brasil possui dispositivos de segurança biométrica para autenticar eletronicamente as pessoas. O HeadMouse permite a participação de deputados com mobilidade reduzida nas sessões plenárias para votar mediante um computador e uma webcam, realizando pequenos movimentos da cabeça, sem que faça falta o contato físico com outros dispositivos.

O centro de informática da Câmara dos Deputados escolheu o HeadMouse por sua velocidade, confiabilidade e facilidade de uso. Além de mover o cursor, é possível fazer o click de forma muito simples por meio de gestos faciais rápidos, como, por exemplo, a abertura da boca.

Além disso, existe um grande interesse por parte do órgão público de ampliar sua colaboração com a Cátedra e com a Indra, multinacional de consultoria e tecnologia com mais de 43.000 profissionais em todo o mundo, que, além de seu conhecimento e compromisso com as Tecnologias Acessíveis, dispõe de mais de 15 anos de experiência em sistemas de voto eletrônico.

4.2 O simbolismo da borboleta

BORBOLETA

Símbolo da transformação, da felicidade, da beleza, da inconstância, da efemeridade da natureza e da renovação. O privilégio de observar uma borboleta é a oportunidade de refletir sobre a mensagem espiritual acerca da transformação.

O ciclo de vida da borboleta é utilizado como metáfora para a espiritualidade. Antes de se tornar uma criatura deslumbrante e cheia de simbolismos místicos, ela passa por alguns processos que, ao serem comparados com as experiências que uma pessoa tem ao longo da vida, podem ser considerados como fases de aprendizagem.

Quando ela está pronta, a borboleta rompe o casulo e estica as asas – uma atitude que exige muita força e determinação da pequena criatura. Esse esforço é essencial para a vida dela, já que é preciso fortalecer as asas para alcançar o sucesso do primeiro voo.

Qual a mensagem que a borboleta traz?

A borboleta é considerada o símbolo da transformação, da mudança e da renovação. Representa também o recomeço, a beleza, a felicidade, a efemeridade da natureza, a proteção e as boas energias, porém, em algumas culturas, ela pode ter outros significados.

Na mitologia grega, por exemplo, seu significado é relacionado a Psyche, uma deusa representada por uma mulher com asas de borboleta, a personificação da alma – acreditava-se que, ao morrer, a alma deixava o corpo em forma de borboleta. Para os japoneses, a borboleta é o símbolo da gueixa, que representa uma figura feminina, pois é associada à gentileza e à graciosidade. As borboletas brancas são sinal de que um ente querido já falecido está tentando entrar em contato para ajudá-lo. Essa visão também é aceita em outras culturas, podendo ser anjos ou seus mensageiros tentando comunicar algo importante para as pessoas, por meio de sonhos ou encontros. Já na cultura chinesa, é símbolo de imortalidade.

No feng shui, o significado de borboleta é de liberdade, de leveza, e pode ser associada à cura e ao amor.

Já no âmbito espiritual, ela representa nossa passagem pela Terra, a nossa metamorfose: nascemos e vamos aprendendo a caminhar em nossa existência. E assim como as borboletas que vivem pouco – vivendo por no máximo entre duas e três semanas ou, no caso das monarcas, até seis meses –, nossa vida também é passageira.

As cores das borboletas e seus significados

Mesmo que seu significado seja parecido em algumas culturas, as cores das borboletas também podem trazer outros significados. Confira os significados de borboleta mais populares:

- Borboleta colorida – interpretada normalmente como a mensageira da felicidade e da alegria.

- Borboleta azul – é uma das mais famosas, com um significado especial: ela faz referência à metamorfose ao longo da vida. Transformações físicas e relacionadas ao pessoal. Para muitos, é sinal de boa sorte.

- Borboleta verde – mensageira da família. Traz um bom presságio relacionado à família e aos momentos de felicidade.

- Borboleta amarela – simboliza as cores da primavera, de nova vida, de renascimento. Pode simbolizar também a necessidade de deixar de controlar a vida alheia.

- Borboleta laranja – surge como símbolo da necessidade de cuidar do outro, especialmente no relacionamento.

- Borboleta marrom – é um recado para cuidar melhor de si mesmo.

- Borboleta branca – representa calma, serenidade e paz.

- Borboleta preta – em algumas civilizações simbolizava a alma de alguém que morria, ou como na Europa nos dias de hoje, almas de crianças que morreram antes de serem batizadas.

Qual o significado de borboleta na Bíblia?

Para os cristãos, a metamorfose da borboleta tem ligação com as fases de vida, morte e ressurreição. Elas não são citadas explicitamente nas Escrituras, mas são parte da criação de Deus, e trazem a ideia da transformação espiritual.

A morte e a ressurreição de Jesus Cristo são frequentemente comparadas à metamorfose da borboleta – assim como a lagarta aparenta estar morta e ressurge como uma nova criatura, ainda mais adorável e perfeita.

Acredita-se ainda que os nossos anjos da guarda ou guia espiritual venham se comunicar conosco por meio das borboletas. Então, sempre que vir uma borboleta perto de você, fique atento aos sinais – pode ser sinal de que seu anjo está lhe enviando uma mensagem.

Onde fala sobre borboleta na Bíblia?

As borboletas não são explicitamente citadas na Bíblia, porém há diversas passagens que citam a evolução e a natureza transformadora de Jesus Cristo na vida daqueles que creem.

A Bíblia diz que quem pertence a Cristo se tornou uma nova criação: "A velha vida se foi e a nova vida começou" (2 Coríntios 5:17). O mesmo Deus que pega uma lagarta e a transforma em borboleta transforma os pecadores.

4.3 Dicas a serem respeitadas

"Lidar com uma pessoa tetraplégica requer empatia, compreensão e respeito. Aqui estão algumas orientações para lidar com uma pessoa tetraplégica:

1. Comunicação: Ao interagir com uma pessoa tetraplégica, seja claro e direto em sua comunicação. Fale diretamente com a pessoa, em vez de falar com um acompanhante ou cuidador. Mantenha contato visual e dê tempo suficiente para que ela possa responder.

2. Respeito à autonomia: É importante considerar a autonomia da pessoa tetraplégica. Permita que ela faça o máximo possível por si mesma e ofereça ajuda apenas quando for solicitado. Respeite suas decisões e preferências.

3. Acessibilidade: Certifique-se de que o ambiente esteja acessível para uma pessoa tetraplégica. Isso pode envolver a instalação de rampas, barras de apoio e a organização de móveis de forma que seja mais fácil para ela se locomover. Considere também a disponibilidade de equipamentos de apoio, como cadeiras de rodas adequadas.

4. Empatia e paciência: Demonstre empatia e paciência ao lidar com uma pessoa tetraplégica. Compreenda que ela pode levar mais tempo para realizar determinadas tarefas e esteja disposto a esperar. Evite fazer suposições ou infantilizar a pessoa.

5. Inclusão social: Inclua a pessoa tetraplégica em atividades sociais e recreativas sempre que possível. Certifique-se de que ela tem acesso. Envolver-se em conversas e interações sociais pode ser muito significativo para ela.

6. Suporte: Esteja disponível para oferecer suporte físico e emocional. Isso pode envolver ajuda com tarefas diárias, como alimentação ou higiene pessoal, ou simplesmente estar presente para conversar e oferecer apoio emocional.

Lembrando que cada pessoa tetraplégica é única e pode ter necessidades específicas. Portanto, é fundamental estar aberto ao diálogo e adaptar a sua abordagem de acordo com as suas necessidades e preferências individuais."

Dra. Renata Paulos

4.4 Nas manhãs do Sul do mundo

Nas manhãs do Sul do mundo Expresso Rural

Vou fugir desta metrópole à libertação
E seguir algum caminho que me leve ao sul
E nas manhãs do sul do mundo
Pelos campos estradas e rios
Semear meu canto em campos de cereais
Pode ser um sonho louco mas eu vou achar
Em algum lugar desta federação
Alguma substância estranha, que substitua a dor no coração
E mate essa vontade de voltar... de voltar...

4.5 Salmos de gratidão para meditar

Especialistas em saúde e bem-estar afirmam que o sentimento de gratidão gera diversos benefícios para o corpo humano, como a melhora do sono e o estímulo de regiões do cérebro que controlam nossa capacidade de pensar no futuro.

Salmo 28:6-7 - "Bendito seja o Senhor, pois ouviu as minhas súplicas. O Senhor é a minha força e o meu escudo; nele o meu coração confia, e dele recebo ajuda. Meu coração exulta de alegria, e com o meu cântico lhe darei graças."

* * *

Salmo 30:11-12 - "Mudaste o meu pranto em dança, a minha veste de lamento em veste de alegria, para que o meu coração cante louvores a ti e não se cale. Senhor, meu Deus, eu te darei graças para sempre."

* * *

Salmo 31:19-21 - "Como é grande a tua bondade, que reservaste para aqueles que te temem, e que, à vista dos homens, concedes àqueles que se refugiam em ti! Bendito seja o Senhor, pois mostrou o seu maravilhoso amor para comigo."

* * *

Salmo 34:1-3 - "Bendirei o Senhor o tempo todo! Os meus lábios sempre o louvarão. Minha alma se gloriará no Senhor; ouçam os oprimidos e se alegrem. Proclamem a grandeza do Senhor comigo; juntos exaltemos o seu nome."

* * *

Salmo 36:7 e 9 - "Como é precioso o teu amor, ó Deus! Os homens encontram refúgio à sombra das tuas asas. Pois em ti está a fonte da vida; graças à tua luz, vemos a luz."

* * *

Salmo 68:19-20 - "Bendito seja o Senhor, Deus, nosso Salvador, que cada dia suporta as nossas cargas. O nosso Deus é um Deus que salva; ele é o Soberano, ele é o Senhor que nos livra da morte."

* * *

Salmos 71:8 - "Os meus lábios estão cheios do teu louvor e da tua glória continuamente."

* * *

Salmos 86:5 - "Tu és bondoso e perdoador, Senhor, rico em graça para com todos os que te invocam."

* * *

Salmo 92:1-2 - "Como é bom render graças ao Senhor e cantar louvores ao teu nome, ó Altíssimo; anunciar de manhã o teu amor leal e de noite a tua fidelidade."

* * *

Salmo 106:1 - "Aleluia! Deem graças ao Senhor porque ele é bom; o seu amor dura para sempre."

* * *

Salmo 118:21-26 - "Dou-te graças, porque me respondeste e foste a minha salvação. Isso vem do Senhor, e é algo maravilhoso para nós. Este é o dia em que o Senhor agiu; alegremo-nos e exultemos neste dia. Bendito é o que vem em nome do Senhor."

* * *

Salmo 136:1 - "Deem graças ao Senhor, porque ele é bom. O seu amor dura para sempre!"

* * *

Salmo 138:2 - "Voltado para o teu santo templo eu me prostrarei e renderei graças ao teu nome, por causa do teu amor e da tua fidelidade; pois exaltaste acima de todas as coisas, o teu nome e a tua palavra."

* * *

Salmo 139:14-16 - "Eu te louvo porque me fizeste de modo especial e admirável. Tuas obras são maravilhosas! Disso tenho plena certeza. Meus ossos não estavam escondidos de ti quando em secreto fui formado e entretecido como nas profundezas da terra. Os teus olhos viram o meu embrião; todos os dias determinados para mim foram escritos no teu livro antes de qualquer deles existir."

4.6 Poemas de Bráulio Bessa Uchoa

Bráulio Bessa Uchoa é um poeta, cordelista, declamador e palestrante brasileiro. Ficou famoso após postar vídeos na internet para resgatar a tradicional literatura de cordel. Foi dessa forma que seus vídeos com declamações já ultrapassaram 250 milhões de visualizações, tendo como marcas registradas o sotaque e o inseparável chapéu. Ele também é o criador do projeto "Nação Nordestina", que divulga a cultura do Nordeste na internet, com mais de um milhão de fãs/seguidores, o que o consagrou como ativista. Por tudo isso, Bráulio ganhou a alcunha de "embaixador do Nordeste".

https://www.brauliobessa.com/

RECOMECE

Quando a vida bater forte
e sua alma sangrar,
quando esse mundo pesado
lhe ferir, lhe esmagar...
É hora do recomeço.
Recomece a **LUTAR**.
Quando tudo for escuro
e nada iluminar,
quando tudo for incerto
e você só duvidar...
É hora do recomeço.
Recomece a **ACREDITAR**.
Quando a estrada for longa
e seu corpo fraquejar,

quando não houver caminho
nem um lugar pra chegar...
É hora do recomeço.
Recomece a **CAMINHAR.**
Quando o mal for evidente
e o amor se ocultar,
quando o peito for vazio,
quando o abraço faltar...
É hora do recomeço.
Recomece a **AMAR.**
Quando você cair
e ninguém lhe aparar,
quando a força do que é ruim
conseguir lhe derrubar...
É hora do recomeço.
Recomece a **LEVANTAR.**
Quando a falta de esperança
decidir lhe açoitar,
se tudo que for real
for difícil suportar...
É hora do recomeço.
Recomece a **SONHAR.**
Enfim,
É preciso de um final
pra poder recomeçar,
como é preciso cair
pra poder se levantar.
Nem sempre engatar a ré
significa voltar.

Remarque aquele encontro,
reconquiste um amor,
reúna quem lhe quer bem,
reconforte um sofredor,
reanime quem tá triste
e reaprenda na dor.
Recomece, se refaça,
relembre o que foi bom,
reconstrua cada sonho,
redescubra algum dom,
reaprenda quando errar,
rebole quando dançar,
e se um dia, lá na frente,
a vida der uma ré,
recupere sua fé
e **RECOMECE** novamente.

SE

E se ninguém me der força

E se ninguém confiar

E se eu for invisível

E se ninguém me enxergar

E se eu perder a fé

Se eu não ficar de pé
Se eu voltar a cair
Se a lágrima escorrer
Se, por medo de sofrer
eu pensar em desistir.
E se quando eu cair
ninguém me estender a mão.
E se quando eu me perder,
sem rumo, sem direção,
Se eu não achar o caminho
Se eu estiver sozinho
no labirinto da vida.
E se tudo for escuro
Se eu não vir um futuro
na estrada a ser seguida.
E se esse tal futuro
for pior do que o presente
E se for melhor parar
do que caminhar pra frente
E se o amor for dor
E se todo sonhador
não passar de um pobre louco
E se eu desanimar,
Se eu parar de sonhar
queda a queda, pouco a pouco.
E se quem eu mais confio
me ferir, me magoar
E se a ferida for grande
E se não cicatrizar

Se na hora da batalha
minha coragem for falha
Se faltar sabedoria
Se a derrota chegar
E se ninguém me abraçar
na hora da agonia.
E se for tarde demais
E se o tempo passar
E se o relógio da vida
do nada se adiantar
E se eu avistar o fim
chegando perto de mim,
impiedoso e veloz,
sem poder retroceder,
me fazendo perceber
que o SE foi meu algo
E se eu pudesse voltar...
Se o SE fosse diferente
Se eu dissesse pra mim mesmo:
Se renove, siga em frente.
Se arrisque, se prepare
E se cair jamais pare
Se levante, se refaça,
Se entenda, se reconheça
E, se chorar, agradeça
cada vez que achou graça.
Se desfaça da preguiça,
do medo, da covardia
Se encante pela chance

de viver um novo dia
Se ame e seja amor
Se apaixone, por favor,
Se queira e queira bem,
Se pegue, se desapegue
Se agite, desassossegue
E se acalme também.
Se olhe, se valorize
E se permita errar
Se dê de presente a chance
de pelo menos tentar
Se o SE for bem usado,
o impossível sonhado
pode se realizar.

4.7 Plasticidade cerebral

Em minha história de superação, conto em alguns detalhes minhas lembranças sobre um grave AVC de tronco que sofri no dia 27 de julho de 2009, há mais de 14 anos. No prontuário médico do hospital foi registrado que eu havia sido acometida por um AVC Isquêmico de fossa posterior, denominado tecnicamente de "Síndrome de Locked-In", que é o que acontece quando o paciente permanece completamente lúcido, mas mantém o movimento apenas dos olhos, sem falar, sem movimentar um único músculo...

O fato é que, uma vez baixada a poeira, já de volta para a minha casa, o jeito foi encarar a realidade como ela de fato era: sem movimentos nos membros superiores e inferiores. Conseguia mover apenas a cabeça e os olhos. E isso era tudo. Dei-me conta de que minha vida havia mudado radicalmente. Tive de deixar de ser a Andreia de antes, para ser a Andreia de depois. Tive que aprender quase tudo novamente, com a carroça em andamento. Mas, com a cabeça no lugar, resolvi encarar esse desafio decidida a olhar para tudo isso da forma mais positiva possível. Tive que aprender a respirar sozinha, tive que aprender a mastigar os alimentos, tive que aprender a engolir a água, tive que aprender a deglutir os alimentos, tive que...

E aos poucos percebi que eu estava aprendendo algumas coisas novas, relativamente importantes para o meu quadro. Comecei a ler tudo relacionado aos assuntos que me interessavam e que podiam de alguma forma me apoiar na compreensão de tudo o que havia acontecido e que ainda poderia acontecer. E nesse sentido me foi muito útil o acesso que passei a ter ao meu notebook, com o apoio de um programa que me permitia ler, escrever, pesquisar, me comunicar, enfim, me relacionar com as pessoas e coisas do mundo real, mesmo que de forma presa à minha cama e ao meu quarto. E essa consciência de que eu estava conseguindo fazer coisas novas e importantes me levou a buscar informações sobre a questão da **plasticidade cerebral**.

Confesso que encontrei um material muito interessante e útil sobre o tema, de fácil entendimento, para leigos no assunto. E encontrei um texto do Dr. Drauzio Varella, um artigo publicado na Internet em 2011 e revisado em 2020, sobre o título Plasticidade cerebral, do qual passo a extrair algumas ideias e informações que certamente podem contribuir para entender melhor o que se passa nessa situação.

Ele afirma que "o conceito de plasticidade cerebral está ligado à capacidade do organismo de promover a formação de novos neurônios (neurogênese)" (VARELLA, 2011). Afirma que até a década de 1970, com as experiências feitas com macacos, o pensamento corrente era que as conexões entre os neurônios (sinapses) formadas na infância permaneceriam imutáveis pelo resto da vida e que hoje esse dogma está superado. Enfatiza que é de conhecimento geral que casos de perda seguida de recuperação das funções cerebrais acontecem desde as cavernas. Mas que foi apenas no início do século

XIX que se levantou a suspeita de que o cérebro seria um órgão moldado pela experiência.

É importante destacar a informação de que, na década de 1990, em experiências feitas com macacos, ficou evidente que o cérebro tem a capacidade de se recompor, de se regenerar, de que alguma área inútil não permaneceria desocupada, sendo invadida por neurônios da vizinhança para o cumprimento das funções dos neurônios prejudicados.

Desde então, não houve mais questionamentos sobre a plasticidade do tecido nervoso: no cérebro adulto, nenhum espaço permanece desocupado.

O Dr. Varella (2011) diz em seu artigo que

> Hoje se sabe que, também na espécie humana, a área cerebral encarregada do controle motor de um membro perdido é ocupada por neurônios que migram dos centros controladores da musculatura facial, que os violonistas desenvolvem hipertrofia das áreas cerebrais coordenadoras dos movimentos dos dedos da mão mais solicitada e que, ao tocar com as pontas dos dedos os caracteres de um texto em braile, o centro da visão dos cegos é ativado.

Ao lado dessa capacidade de um neurônio de projetar suas ramificações para estabelecer novas sinapses, o conceito de plasticidade cerebral é enriquecido pela informação de que o sistema nervoso central tem a capacidade de formar novos neurônios (neurogênese) durante a vida adulta.

Até poucos anos atrás, em torno de 10 a 15 anos, havia a convicção de que os neurônios perdidos jamais seriam recuperados, mas

> esse dogma caiu nos últimos anos, quando experiências conduzidas em pássaros mostraram que, ao aprender uma nova canção, surgem novos neurônios nos centros cerebrais que coordenam o canto e quando foi documentado o nascimento de novos neurônios em duas áreas cerebrais do homem e de outros mamíferos: o bulbo olfatório (responsável

pela organização do olfato) e o hipocampo (área de processamento das memórias).

Sabemos que a neurogênese é um processo lento, regulado por moléculas presentes no tecido nervoso conhecidas pelo nome de fatores de crescimento, mas sabemos também que a neurogênese tem sido demonstrada em casos de acidente vascular cerebral: os novos neurônios formados no hipocampo migram para a região destruída pela falta de oxigênio para povoá-la. A maior parte deles morre na travessia, mas alguns conseguem estabelecer conexões com neurônios de outras áreas e restabelecer circuitos perdidos.

Um fato interessante é que um estudo feito com antidepressivos no início dos anos 2002 mostrou que o efeito benéfico desses medicamentos no tratamento da depressão coincide com o aparecimento de novos neurônios no hipocampo. Curiosamente, os pacientes que recebem essas drogas costumam levar cerca de quatro semanas para notar melhora dos sintomas: exatamente o tempo necessário para os novos neurônios se integrarem funcionalmente aos circuitos cerebrais.

Saber que nossos neurônios são capazes de migrar para áreas cerebrais "vazias" e que continuam nascendo todos os dias sob a influência de fatores de crescimento, medicamentos, atividade física e desafios intelectuais é alentador para os que temem a perda do domínio das faculdades mentais no fim da vida, porque, como disse Machado de Assis, "A velhice ridícula é, porventura, a mais triste e derradeira surpresa da natureza humana".

É bem possível que o texto do Dr. Drauzio Varella não contenha a verdade toda sobre as possibilidades de continuarmos aprendendo, mesmo com áreas importantes do cérebro seriamente prejudicadas ou danificadas. Mas eu estou convencida de que ele abre algumas novas janelas para o entendimento das possibilidades da plasticidade cerebral. E eu estou convicta de que sou uma pessoa claramente beneficiada por esse processo, que me permite estar conectada ao mundo, que me permite compartilhar com as pessoas a minha história de superação e que me permite ampliar diariamente minhas experiências em geral, já fazendo exercícios na área das artes plásticas e produzindo peças importantes nessa área com o suporte de programas de computador.

Novas pesquisas certamente poderão contribuir para a compreensão desse fenômeno tão importante para o esclarecimento da capacidade, que permite também às pessoas com danos cerebrais que continuem aprendendo para o resto de suas vidas.

Referências

VARELLA, Drauzio. Plasticidade cerebral. **Drauzio Varella – UOL**, [*s. l.*], 25 abr. 2011. Disponível em: https://drauziovarella.uol.com.br/drauzio/plasticidade-cerebral-artigo/. Acesso em: 30 jan. 2024.

BLOCO V

ÁLBUM DE IMAGENS COLORIDAS

As sequelas do AVC de tronco que eu tive há mais de 14 anos foram, em resumo, a perda de todos os movimentos. Apesar de todos os cuidados médicos e do apoio da fisioterapia e da fonoaudiologia, meus membros superiores e inferiores perderam totalmente as suas funções. Resta-me o movimento da cabeça.

E todos os processos de aprendizagem a que me submeti, alguns bastante dolorosos e custosos, me levaram a acreditar que eu seria capaz de aprender coisas novas, quase inimagináveis naquele momento. Aprendi a operar um computador apenas com o movimento da cabeça e com o piscar dos olhos. E passei a ter acesso ao mundo. A tecnologia me abriu essa nova oportunidade. Passei a ter acesso a tudo aquilo que qualquer um de nós pode acessar. Fantástico! Sem mover um único dedo sequer.

Comecei a me valer de um editor de texto. E comecei a escrever alguns capítulos de minha história de superação. E diversas vezes perdi os arquivos. E diversas vezes deletei aquilo que eu já havia escrito. Não era exatamente o que eu queria. E no início de 2023, sentindo-me mais segura, comecei a organizar os meus arquivos mentais e iniciei a escrita do livro, agora para valer.

E quando o meu pai percebeu que estava por nascer este meu novo filho, ele passou a me estimular e a me dar o suporte para que tudo pudesse acontecer da forma como eu estava imaginando. Texto pronto, pesquisas do entorno realizadas, era hora de procurar uma editora confiável. BINGO!

E enquanto aguardava os encaminhamentos do processo editorial, resolvi testar minhas habilidades de artista plástica, utilizando alguns sites, como o KLEKI, que permitem criar formas e cores harmônicas apenas com os movimentos faciais. E deu certo!

As peças publicadas neste bloco do livro são resultado dessa nova habilidade que eu estou desenvolvendo, colocando em prática o conceito de "plasticidade", que, em sentido amplo, é uma clara demonstração e reflexo da capacidade de adaptação a novas situações. Os estudos mais recentes indicam que essa "plasticidade", enquanto capacidade adaptativa, pode ser atrelada especificamente ao cérebro, ao sistema nervoso, aos neurônios ou às sinapses.

É desafiador, mas é também fantástico.

APRENDENDO A VOAR: UMA HISTÓRIA DE SUPERAÇÃO

ANDREIA MEINE: COORDENADOR BELMIRO MEINE

APRENDENDO A VOAR: UMA HISTÓRIA DE SUPERAÇÃO

ANDREIA MEINE: COORDENADOR BELMIRO MEINE

APRENDENDO A VOAR: UMA HISTÓRIA DE SUPERAÇÃO

ANDREIA MEINE: COORDENADOR BELMIRO MEINE

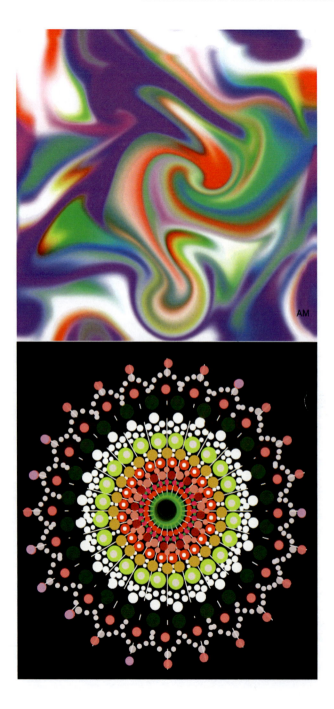

APRENDENDO A VOAR: UMA HISTÓRIA DE SUPERAÇÃO

ANDREIA MEINE: COORDENADOR BELMIRO MEINE

APRENDENDO A VOAR: UMA HISTÓRIA DE SUPERAÇÃO

ANDREIA MEINE: COORDENADOR BELMIRO MEINE

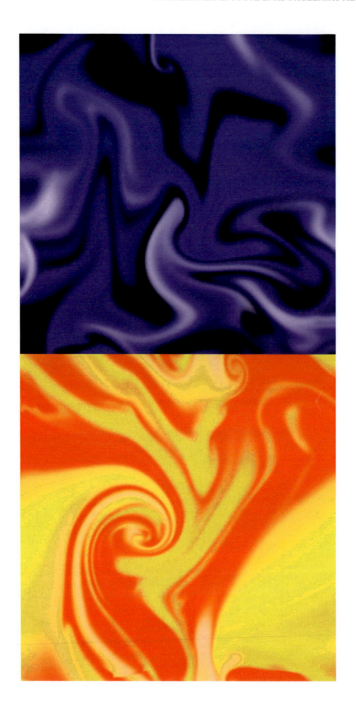

SOBRE A AUTORA

Andreia Regina Meine, nascida em Ivoti aos 4 de outubro de 1972, como a terceira filha de pais professores. Teve uma infância e uma juventude muito felizes, com muita liberdade para brincar e para viver em um ambiente social e intelectualmente muito estimulante e desafiador.

Aos 18 anos, mudou-se com seus pais para São Leopoldo/RS, onde iniciou o curso de Secretariado Executivo Bilíngue na universidade, já passando a atuar em uma empresa multinacional em sua área de interesse.

Com 23 anos, foi morar com o seu namorado, passando a constituir com ele e, mais tarde, com seus dois filhos, uma família muito feliz, com muitos planos e muitos sonhos.

Até que, em julho de 2009, com os dois filhos ainda pequenos, teve um AVC de tronco muito agressivo, que a deixou totalmente sem movimentos, tetraplégica. Com muita orientação médica, muita fisioterapia, insistente fonoaudiologia e o apoio total de seus familiares, conseguiu reaprender muita coisa que hoje lhe é essencial para continuar viva e muito esperançosa.

Muito estimulada, iniciou diversas vezes a aventura de narrar a sua trajetória de superação. Sempre desistia. Até que agora, depois de 14 anos, resolveu que estava na hora de compartilhar a sua história com seus familiares, com seus amigos e com todos aqueles que talvez possam voar com ela nessa trajetória que certamente poderá ser inspiração e orientação para muitas pessoas em situação semelhante.

AGRADECIMENTOS

Amigo leitor e amiga leitora!

Sei que sou teimosa, resiliente, persistente e batalhadora.

Se não fosse assim, não teria sobrevivido a esse agressivo AVC de tronco que alterou radicalmente tudo aquilo que eu imaginava para a minha vida.

Mas sei também que sempre fui muito abençoada por Deus, que me presenteou com a vida e que permite que eu continue viva apesar de todos os percalços.

E sei ainda que o fato de eu ter nascido no seio de uma família grande, muito amorosa, solidária e sempre disposta a estar a meu lado para tudo o que der e vier foi e continua sendo fundamental para tudo aquilo que aconteceu e que ainda está acontecendo.

E sei, não por último, que tive a sorte de ser atendida sempre por uma equipe de saúde muito competente e comprometida, que me ajudou a quebrar o prognóstico e a lógica em diversas oportunidades.

Preciso agradecer a todos e a todas as pessoas que estão e estiveram comigo nos bons e nos maus momentos. ESTOU VIVA!

Espero que Aprendendo a voar: uma história de superação possa contribuir para uma reflexão profunda sobre o tema abordado.

Andreia Meine